Para

_____

De

_____

Fecha

_____

Principios de Guerra Espiritual Tomo II
Equipamiento Intégritas

Apóstol Dr. Mario H. Rivera

&

Pastora Luz Rivera

Índice

1 Capítulo

**La Cosmovisión de La Liberación
(Las sinergias de la liberación)**

- Las sinergias de la guerra espiritual
- La cosmovisión de guerra espiritual
- La cosmovisión de liberación
- Razones de la nueva cosmovisión de la liberación
- La nueva cosmovisión de la liberación
- La nueva cosmovisión y el equipamiento actualizado
- Razones de una nueva cosmovisión
- Las sensaciones de los demonios
- La resistencia demoníaca
- La nueva cosmovisión contra el reino de las especialidades de Satanás
- Las tareas de las entidades de las tinieblas
- Entidades especialista de áreas del cuerpo
- Autoevaluación

2 Capítulo

La Anatomía de la Liberación
(Lugares ocupados por los espíritus)

- El poder de la anatomía de los espíritus
- La anatomía espiritual
- La anatomía de la liberación
- El concepto del templo
- Las habitaciones, las entradas y las salidas en la liberación
- Habitaciones y entradas a la anatomía
- Las entradas y salidas en el hombre
- Primera entrada de las 90 habitaciones
- Primera entrada del primer piso: cuerpo
- La liberación y evicción de la primera entrada: la boca
- Segunda entrada del primer piso: ojos
- La liberación y evicción de la segunda entrada: los ojos
- Tercer entrada del primer piso: oídos
- La liberación y evicción de la tercera entrada: los oídos
- Cuarta entrada del primer piso: nariz
- La liberación y evicción de la cuarta entrada: la nariz
- Autoevaluación

3 Capítulo

**Los Conceptos de Liberación
(Diferentes nombres de liberación)**

- Las 7 guerras
- La armadura de Dios
- Diferencia entre soldado y cadete
- La importancia de ser capacitados
- Principios en guerra espiritual
- La frase: guerra espiritual
- ¿Por qué se llama guerra espiritual?
- Género y tiempos de 3 entidades
- Las entidades de 3 tiempos diferentes
- El campo de la batalla
- El diseño de la guerra espiritual
- La guerra espiritual al espíritu
- Los conceptos de liberación
- Autoevaluación

4 Capítulo

**Los Conceptos de Liberación
(Diferentes nombres de liberación – parte II)**

- Principios de guerra espiritual
- Los conceptos de liberación

- Opresión espiritual
- Depresión espiritual
- Posesión demoníaca
- Endemoniado
- Satanización
- El proceso de la desatanización
- Autoevaluación

5 Capítulo

**La Palestra de Un Liberador
(Los 4 niveles de la palestra espiritual)**

- Jerarquías de entidades de las tinieblas
- El alfa y omega de Satanás
- Estructura del reino de las tinieblas
- La palestra
- La técnica de la lucha
- Entrenamiento y equipamiento
- Diferenciando entre demonios, espíritus inmundos y ángeles caídos
- Los orígenes de demonios
- El rango de los demonios
- El discernimiento de los demonios
- Etimología de los demonios en el Nuevo Testamento
- Opresión demoníaca
- Posesión demoníaca

- Espíritus inmundos
- El discernimiento de los espíritus inmundos
- Ángeles caídos
- El discernimiento de los ángeles
- Autoevaluación

6 Capítulo

La Palestra
(Lenguaje, manifestaciones y señales en la palestra de liberación)

- Los 3 planos de polemos
- Los equipados
- El sistema de comunicación del mundo de los espíritus
- El sistema de comunicación
- El lenguaje de los habitantes del segundo cielo
- El sistema de comunicación
- Señales de mano
- Espíritu cíclico
- Invocación de poder
- Anuncia que tendrá que salir
- Indica que hay pacto
- Puerta abierta generacional
- Indica maldición

- Indica bloqueo mental
- Entrada de otra potestad
- Ayuda de otros peores
- La interdicción militar
- Hay atadura no rota
- Se está quedando solo
- Ya no puede seguir batallando
- Autoevaluación

7 Capítulo

**La Palestra
(Lenguaje, manifestaciones y estructuras espirituales)**

- Negar derechos al enemigo
- La batalla por los cuerpos
- La existencia de los cuerpos
- Los espíritus necesitan cuerpos
- Los cuerpos de los espíritus inmundos
- Entidades en las áreas del cuerpo
- Lenguajes del espíritu inmundo
- Lengua demoníaca
- Resumen del lenguaje demoníaco
- Manifestaciones en la liberación
- Las convulsiones
- La salida del alma

- La intervención del obrero de liberación
- Las estructuras del mundo de los espíritus
- El diablo opera en estructuras
- Las estructuras espirituales
- Las estructuras del mundo de angelología
- Las estructuras de las tinieblas
- La estructura de Lilith
- El significado de Lilith
- Descripción de la imagen de Lilith
- Otras estructuras de tinieblas de entidades místicamente femeninas
- Autoevaluación

8 Capítulo

Estructuras Espirituales con Nombres Genéricos

- Estructuras del mundo espiritual
- El origen de las cadenas de operación de las huestes espirituales de maldad
- Numerología bíblica
- La gematría de satanás
- Datos estadísticos con influencia del número 13
- Cadena de operación de huestes de las tinieblas
- 1.- Espíritu de enfermedad
- 2.- Espíritu de temor
- 3.- Espíritu de adivinación
- 4.- Espíritu de prostitución
- 5.- Espíritu de esclavitud
- 6.- Espíritu de altivez
- 7.- Espíritu de perversidad
- 8.- Espíritu de abatimiento
- 9.- Espíritu de celo
- 10.- Espíritu de mentira
- 11.- Espíritu de error
- 12.- Espíritu de estupor
- 13.- Espíritu de maligno

- Conclusiones
- Autoevaluación

INTRODUCCIÓN

Siempre me asombra el cumplimiento de la profecía bíblica, aunque de pronto no debería porque Dios cumple Su palabra, si El dice algo, así es y así será, sin embargo es maravilloso ver cómo Su palabra puede ser cumplida, no solamente en tu vida, sino que, también en los acontecimientos del final de los tiempos, por ejemplo:

Daniel 12:4 (RV 1995) Pero tú, Daniel, cierra las palabras y sella el libro hasta el tiempo del fin. Muchos correrán de aquí para allá, y **la ciencia aumentará**.

Puedes ver cómo la tecnología hoy está a la disposición de quien la quiera adquirir; sin embargo, una computadora, la próxima semana empieza a pasar a la historia, por supuesto que una computadora con tecnología de punta, no dejará por un lado lo que es la base de la programación, existe una evolución, pero siempre habrá una base de la cual partió para llegar a donde hoy está.

La historia de la computadora podría ser un ejemplo didáctico de lo que podría decir que es la liberación, la cual requiere tener una cosmovisión fresca, actualizada y estratégica contra el reino de las tinieblas, por supuesto que también necesitará de lo que se haya enseñado en el pasado, tener la base de dónde partió, pero necesitas asimilar lo que hoy se mueve en el mundo espiritual del lado de las tinieblas.

Satanás sabe que el tiempo del fin profetizado en la Biblia, finalmente ha llegado, hoy la Iglesia de Cristo está más cerca que nunca de experimentar esa subida a las nubes para el encuentro con el Señor Jesucristo; por esa misma razón es que todo el ataque que pueda venir de parte del reino de las tinieblas, será cada vez más sutil con el propósito de engañar de ser posible, a los escogidos como lo dice **Marcos 13:22**, pero antes de eso, Dios ha proveído de la revelación, entendimiento, discernimiento, sabiduría y estrategias en guerra espiritual, con el propósito que aquellos cristianos que El ha llamado para formar parte de Su ejército de liberación de demonios y espíritus inmundos, estén en constante equipamiento desechando todo engaño satánico.

Dentro de todo el cúmulo de revelación que Dios ha permitido a Su ejército en el ámbito de liberación de espíritus inmundos y demonios, está el hecho que esas entidades de maldad, pueden esconderse en un cuerpo humano, pero en partes muy específicas. De esto no se sabía en la antigüedad; hoy gracias a Dios se ha podido determinar que, cuando una persona está con quebrantos de salud y esa persona ya pasó por toda clase de exámenes médicos y no tienen diagnóstico de qué pueda estar padeciendo porque todo parecería normal; es porque hay un espíritu inmundo escondido y que está dispuesto a quedarse ahí, hasta que un verdadero guerrero de liberación de espíritus inmundos por medio de la guianza del Espíritu Santo, pueda discernir el lugar que tiene ocupado.

Para esto es importante la ministración al alma, porque en ese momento la persona que pueda estar con problemas, debe exponer a partir de cuándo es que empezó con sus problemas de salud, se debe buscar que aquella persona sea lo más explicita posible para tener los datos suficientes y así llegar a descubrir dónde se esconde el espíritu inmundo, desautorizarlo y echarlo fuera en el nombre de Jesús, pero insisto, debes tener una cosmovisión fresca y actualizada, no desechar el conocimiento que pudiste adquirir anteriormente, solamente debes buscar la forma de cómo hacer sinergia de ese conocimiento anterior, con lo que hoy estás aprendiendo.

Recuerda que el reino de las tinieblas no tienen el poder de crear, solamente de imitar, por eso es que, al saber que tu cuerpo es templo de Dios, por esa misma razón es que busca ocupar el cuerpo humano como una casa; por supuesto que también debe añadirse el punto del régimen jurídico de los derechos espirituales, porque ellos no pueden entrar a un cuerpo solamente porque ellos quieren, sino que, adquieren esos derechos que la misma persona les ha cedido y que en una liberación se debe buscar la forma de anular esos derechos.

Este libro es el Tomo II de Principios de Guerra Espiritual que considero se suma a toda tu biblioteca de liberación que ya debes poseer para actualizarte en lo que Dios sigue revelando para este final de los tiempos.

Apóstol Mario Rivera

Apóstol Mario y Pastora Luz Rivera

La Cosmovisión

de

La Liberación

(Las sinergias de la liberación)

Capítulo 1

Una de las cosas que debes tener presente en todo momento, cuando estás siendo instruido respecto a guerra espiritual, es que, el poder de la victoria, aunque viene de parte de Dios; no viene por el nivel de grito que puedas tener, sino por el conocimiento que puedas tener, realmente debes saber que el conocimiento es un poder, de manera que los espíritus de las tinieblas pueden discernirte respecto a lo que puedas estar haciendo y si tienes la base del conocimiento de los principios de guerra espiritual a los que ellos se sujetan y se someten, entonces tendrás un porcentaje muy favorable para alcanzar la victoria, por supuesto que la victoria viene porque el Espíritu Santo es quien está contigo y te guía, pero debes tener el conocimiento base para ser diestro en las armas de luz que Dios te ha entregado para saber cómo desarrollarlas oportunamente.

También es necesario considerar que hay oficios y conocimientos que nunca se acaban de aprender, por ejemplo, la medicina, la abogacía, la astronomía, la biología, etc., de igual forma la liberación requiere tener una cosmovisión fresca, actualizada y estratégica contra el reino de las tinieblas y que va de acuerdo al momento que puedas estar viviendo, porque en el reino de las tinieblas siempre guardan entidades para ciertos tiempos y regiones; no todas las potestades diría que son internacionales, sino que hay entidades que son específicamente asignadas a cierta región porque están muy familiarizadas con la cultura que predomina con lo que ellos se han desarrollado como lo pueden ser las ataduras, los vicios, las tendencias y todo aquello que complica a una sociedad o una familia.

Por eso es que si en algún momento viajas a una ciudad distinta a la ciudad donde vives, podrías enfrentarte a potestades que son diferentes de las que comúnmente conoces; esa es la razón particular por la cual la liberación efectiva demanda que sus libertadores identifiquen el problema con precisión y por lo cual es necesario estar actualizando la cosmovisión de guerra espiritual.

Eso lo puedes ver en el Señor Jesucristo, lo puedes ver también en los siervos de Dios que estuvieron en el Antiguo Testamento, aunque no hay muchos datos puntuales y escritos de las confrontaciones de poderes espirituales que ellos tuvieron, en comparación a las guerras convencionales de las cuales si hay escritos, sin embargo debes saber que ellos movían cosmovisión, ellos tuvieron esa forma de ver las confrontaciones de poderes, razón por la cual hubo ciertas personalidades que surgían en oficios que aparentemente no se relacionaba propiamente con la guerra espiritual, por ejemplo, Moisés como libertador de Israel, en determinado momento figura haciendo cosas propias de un sacerdote las cuales no estaban relacionadas con el oficio de caudillo que él ejercía. Por eso habrá momentos en los que es necesario de la cosmovisión para saber lo que se debe hacer, porque realmente la liberación es así, demanda ese conocimiento para declarar los decretos para anular la efectividad a los espíritus de las tinieblas; de ahí entonces la razón del título de este primer capítulo: **La Cosmovisión de La Liberación.**

Por otro lado, también debes comprender la importancia del ministerio de la liberación porque no es para hacer alarde de poder, de espectáculo, para jactarse de lo que puedas tener, tampoco es para vanagloriarse, por egolatría, menos aún idolatrar a una persona porque es usado por Dios para la liberación, sino que, la liberación es para lo siguiente:

- ✓ **Es de ayuda.**
- ✓ **Es de compasión.**
- ✓ **Es de misericordia.**
- ✓ **Es de amor.**
- ✓ **Es de paciencia.**
- ✓ **Es un asunto de tiempo ofrendado.**

Cuando alguien, inclusive algunos ministros no comprenden la liberación, la atacan, incluso a los que la ministran, buscan ridiculizarlos llegando al punto de satanizar lo que se está haciendo porque no hay conocimiento a ese respecto y como consecuencia no le brindan la importancia del caso porque no es valorizada como se debe. Personalmente he sentido mucho celo y pena cuando alguien se burla de la liberación porque es algo que Dios te ha regalado para que ayudes a otros y cuando lo estás haciendo, se convierte en tiempo ofrendado al punto que lloras con los que lloran al sentirse estorbados o porque son esclavos de ciertas situaciones; de manera que me es difícil de creer que hoy, viviendo en pleno siglo XXI, haya ministros del evangelio que, no solamente no creen en la liberación, sino que, encima de eso, se burlan cuando alguien es un libertador de parte de Dios.

Por supuesto que, si a Jesús lo señalaron que echaba fuera demonios por delegación del príncipe de los demonios, ¿qué podrías esperar que digan de ti?

Mateo 9:34 (LBA) Pero los fariseos decían: El echa fuera los demonios por el príncipe de los demonios.

De manera que la nueva cosmovisión es tan importante porque en los días de Jesús, cuando El inicia Su ministerio y las multitudes lo ven ministrar con ese poder, dicen lo siguiente:

Marcos 1:27 Y todos se asombraron de tal manera que discutían entre sí, diciendo: ¿Qué es esto? **¡Una enseñanza nueva con autoridad!** Él manda aun a los espíritus inmundos y le obedecen.

Debes poner mucha atención a estos versículos, porque lo primero que salta a la vista es que la multitud reconoció que había una doctrina con autoridad; piensa por un momento en que, el tiempo que se estaba viviendo en ese entonces era opuesto a Jesús, sin embargo, reconocían la importancia de la cosmovisión cuando dijeron que era una enseñanza nueva con autoridad.

Mateo 12:28 Pero si yo expulso los demonios por el Espíritu de Dios, entonces **el reino de Dios ha llegado a vosotros**.

Aquí puedes ver que la multitud no conocían lo que estaba sucediendo, porque cuando hay liberaciones, es porque el reino de Dios está respaldando; para aquella multitud todo eso era nuevo, Jesús estaba enseñando una nueva cosmovisión de guerra espiritual. Por eso es necesario conocer las formas en las que el reino de Dios se manifiesta, según el caso de liberación que se esté atendiendo, porque no siempre será la misma forma.

Marcos 9:29 Y Él les dijo: Esta clase con nada puede salir, sino con **oración**.

Esta fue otra oportunidad donde Jesús está mostrando algo nuevo, donde la liberación de algunos géneros tiene que ser acompañada por oración.

Mateo 17:21 Pero esta clase no sale sino con **oración y ayuno**.

Algunos predicadores han dicho que la palabra ayuno no existe en los manuscritos más antiguos; sin embargo, cuando notas qué significa la palabra oración, es el hecho de tener comunicación con Dios y ayuno son las cosas que, el ministro de liberación debe asegurar que estén fuera de su vida para poder tener sensibilidad a lo que el Espíritu Santo está dirigiendo. Por eso, cuando Jesús señala la oración y ayuno, está refiriéndose a una cosmovisión que la gente de aquel entonces no conocía: la comunicación con Dios y la otra, despojarse de lo que podría impedir la sensibilidad de escuchar la voz del Espíritu Santo.

La cosmovisión del evangelio de Mateo implica diferentes tipos de demonios y diferentes grados de poder para expulsarlos y que requiere oración y ayuno; porque también debes comprender que existen diferentes tipos de espíritus, diferentes grados de poderes, de tal manera que debes saber qué nivel de poder tienes para poderlo ejercer y para eso se requiere comunicarte con Dios (oración), y estar sensible (ayuno) a lo que Él te va a revelar. Recuerda que en las tinieblas hay entidades de diferentes rangos como las huestes, autoridades, gobernadores y los principados y cada uno tiene diferente poder; por eso debes estar debidamente equipado, no solamente espiritualmente hablando, sino también en conocimiento para que, cuando Dios te revele contra qué estarás enfrentándote, sepas también cómo enfrentarlo, qué nivel de poder debes ejercer.

Muchas personas que se oponen a actualizar la cosmovisión de la guerra espiritual y liberación, argumentan que antes no se enseñaban tantas cosas como la cosmovisión fresca, actualizada, estratégica contra el reino de las tinieblas.

✓ Lo que no comprenden es que las oraciones de guerra genéricas les funcionan a todos, es decir, cuando recién comienzas a ocuparte de la liberación.

✓ Pero siempre llega un tiempo cuando Dios requiere que seas más específico en las oraciones y decretos.

Cuando inicié en el área de liberación, las oraciones con las que batallaba, en cierto modo las consideraba orgánicas, sin mayor detalle, aunque eran efectivas; pero funcionaban porque el nivel de batalla también era orgánico; pero así como la revelación de Dios es progresiva, el modus operandi de las tinieblas también es progresivo; por eso las oraciones de aquel entonces aunque eran orgánicas, fueron efectivas, pero debo insistir en que era otro nivel de batalla; hoy no es lo mismo, hoy es necesario conocer detalles de cada situación para

La Cosmovisión de La Liberación

que los decretos sean específicos contra lo que puedas estar batallando.

Por supuesto que el conocimiento con el que iniciaste para llegar a ser un guerrero espiritual, es la base que hoy debe hacer sinergia con lo que a través del tiempo has logrado aprender y asimilar, pero sabiendo que todo es gradual, vas de aumento en aumento, no puedes quedarte con el conocimiento con el que iniciaste porque, aunque no voy a magnificar el poder de las tinieblas, tampoco puedo ignorar que los ataques de hoy no son los mismos de antaño. Gracias a Dios tuvimos siervos de Dios que El usó para empezarnos a equipar, pero las cosas aumentaron en las tinieblas y Dios también sigue equipando para que Su pueblo, la Iglesia de Cristo sea victoriosa en el nombre de Jesús, de manera que aquello con lo que se iniciaron los conocimientos de guerra espiritual, con lo que hasta el día de hoy puedas conocer, tiene que hacer en ti una sinergia espiritual para aumentar ese conocimiento, esa base que en algún momento tuviste.

Las Sinergias De La Guerra Espiritual

La palabra sinergia es tomada de la palabra **sunergos G4904**, que en griego se traduce en la Biblia como:

- ✓ Trabajar juntos, trabajando con o laborar con otro.
- ✓ Viene de **sun G4862** que significa unir y de ahí emerge la palabra sinergia.

La sinergia es la conexión que lleva a unir los conocimientos o cosmovisiones pasadas con la actualizada; dicho en otras palabras, es la unión del conocimiento que trasladaron los siervos de Dios que iniciaron la enseñanza de guerra espiritual, con la actual.

Entonces la palabra sinergia, en resumen, diría que su significado es la unión de:

- ✓ Fuerzas.
- ✓ Propósito.
- ✓ Ópticas de cosmovisión de liberación y guerra espiritual.

La Cosmovisión De Guerra Espiritual

La palabra cosmovisión quiere decir, visión del mundo espiritual y físico, es la perspectiva o representación conceptual que una determinada cultura o persona se forma de la realidad.

La Cosmovisión de La Liberación

- ✓ Por lo tanto, la cosmovisión es el marco de interpretar la realidad del mundo físico y espiritual.

Significa: imagen o figura general de la existencia, realidad o mundo físico y espiritual; en otras palabras, es la forma de cómo ves el mover espiritual.

Otra palabra que va implícita es la **percepción**, esta palabra es la que permite poder explicar la importancia de la perspectiva correcta de una guerra espiritual actual.

- ✓ Hay muchos guerreros y obreros de liberación que sufren derrotas y no logran vencer en las batallas que dirigen, porque la percepción está equivocada.

- ✓ Es decir, no han considerado o no tienen una cosmovisión actualizada o fresca.

- ✓ Percepción es la acción y efecto de percibir.

Entonces puedo decir que existen 3 percepciones:

- ✓ **La percepción de Dios**, es decir, la forma de cómo Dios ve el mundo de los espíritus porque El lo conoce todo y sin lugar a equivocaciones.

✓ **La percepción humana o propia**, cómo ves el mundo espiritual; de manera que si no tienes el debido equilibrio, puedes convertirte en una persona sumamente mística o podría ser que seas muy pragmático.

✓ **La percepción de Satanás**, por la forma de cómo ve lo que tiene a su alrededor y sabe cómo funciona, pero no por sabiduría, sino por lo que ha visto y experimentado.

El punto de tener estas cosmovisiones es para mostrarte que si no tienes la correcta, podrías ver las cosas a tu propio criterio y eso te podría hacer dudar de lo que haces; también podría ser que veas con la óptica de Satanás y eso te haría sentir derrotado; pero si lo ves con los ojos de Dios, entonces tendrás la verdadera efectividad en lo que haces, respecto a la guerra espiritual.

También debo mencionar un punto muy importante; podría ser que tu equipo de liberación esté conformado por gente que tiene más desarrollado el don de discernimiento de espíritus y que a través de ellos puedas tener una mejor panorámica de cierto escenario para saber cómo entrar a la batalla espiritual. Esto también es parte de lo que vendría a ser una sinergia espiritual, porque sabes que, siendo un equipo de liberación, aunque seas tú el que está a cargo del grupo o equipo, tus ayudas tienen una función muy fuerte de parte de Dios para ser efectivos en cada incidencia que tengan.

La Cosmovisión De Liberación

La liberación requiere tener una cosmovisión fresca, actualizada y estratégica contra el reino de las tinieblas. A continuación, verás una serie de cosmovisiones que tuvieron una sinergia al ser trasladado cierto conocimiento a la siguiente generación de siervos de Dios:

- ✓ **La cosmovisión de Moisés**
- ✓ **La cosmovisión de Josué**
- ✓ **La cosmovisión de Abraham**
- ✓ **La cosmovisión de David**
- ✓ **La cosmovisión de Ezequiel**
- ✓ **La cosmovisión de Jesús**
- ✓ **La cosmovisión de Pablo**
- ✓ **La cosmovisión de la Iglesia**

Razones De La Nueva Cosmovisión De La Liberación

- ✓ La verdadera liberación debe tener enseñanzas de cosmovisión fresca, actualizada y estratégica contra el reino de las tinieblas.

- ✓ El Espíritu del Señor liberará nuevos conocimientos actualizados a los obreros de liberación y ministros primarios, es decir, los 5 ministerios.

✓ Es necesario actualizar el modelo de liberación, que impide caer en patrones de liberación que no agradan al Espíritu del Señor, quien siempre es el Espíritu de la liberación. Esto vendría a ser como caer en una religiosidad, pretender leer una oración y esperar que los demonios huyan; pero no es así; se necesita de la actualización del modelo de liberación, porque las tinieblas también están actualizándose. No progresar en la liberación, hace caer en idolatrar métodos y eso es desaprobado por el Espíritu Santo.

La Nueva Cosmovisión De La Liberación

Lucas 11:24-26 Cuando el espíritu inmundo sale del hombre, pasa por lugares áridos buscando descanso; y al no hallarlo, dice: «**Volveré a mi casa de donde salí**». ²⁵ Y cuando llega, la encuentra barrida y arreglada. ²⁶ Entonces va y toma consigo otros siete espíritus peores que él, y entrando, moran allí; y el estado final de aquel hombre resulta peor que el primero.

- ✓ Este es un ejemplo para apoyar la realidad de la liberación con una cosmovisión fresca, actualizada.

- ✓ En los días de Jesús nadie sabía que los espíritus inmundos son cíclicos y El los actualizó.

El Apóstol Pablo fluyó con esa misma cosmovisión fresca, actualizada y estratégica contra el reino de las tinieblas, explicando que el mundo de los espíritus sabe que los hombres fueron creados para ser templos de Dios y que hay batallas espirituales enfocadas en conquistarlos y habitarlos.

Lo que se creía en aquel entonces, antes de que llegara Jesús, es que los espíritus inmundos en una persona estarían manifestándose constantemente, siempre habían convulsiones, siempre había un control total de la persona, influencia sobre la persona para que se comportara frenéticamente o como alguien que ha perdido su equilibrio mental y que actúa locamente, etc., sin embargo, cuando llega Jesús, les dice que hay espíritus que guardan reposo para pasar por desapercibidos de generación en generación, controlando la vida de una persona, pero sin las típicas manifestaciones, más bien son cíclicos; esa fue una cosmovisión que Jesús trajo en aquel entonces.

La Nueva Cosmovisión y El Equipamiento Actualizado

Con este nuevo tópico es necesario formularte la siguiente interrogante:

¿Por qué equiparte?

En primera instancia podrías decir que es mejor estar a la vanguardia en todo; sin embargo, la razón fundamental es porque el mundo de la liberación cada vez es más diferente.

- ✓ Un legítimo ministro y verdadero obrero de liberación debe reconocer que el mundo de la liberación ha cambiado, así como el ritmo del mundo secular cambia constantemente, igualmente el mundo de la liberación está en constantes cambios.

- ✓ Por esa razón se requiere que los ministros de liberación tengan el equipamiento y la enseñanza de una cosmovisión actualiza, fresca de guerra espiritual y liberación.

Un ejemplo a este respecto es el siguiente:

La Cosmovisión de La Liberación

- ✓ **Antes la liberación se conocía como: demonología.**

- ✓ **En el presente se conoce como: guerra espiritual.**

En la actualidad el proceso de liberación es muy diferente en comparación a los años anteriores. En mis años de inicio, empezando a incursionar en este terreno, hablar de peleas con demonios solamente se le llamaba al hecho de expulsar demonios o demonología; hoy se identifica con guerra espiritual o confrontación de poderes. Antes eran muy contados los ministros y obreros que fluían en liberación y guerra espiritual, hoy son muchos y eso es bueno, pero a la misma vez esa es la razón de que sea muy atacada, criticada y hasta satanizada esa área ministerial. Por eso es necesario que todo ministro y todo obrero diligente en guerra espiritual, debe saber reconocer lo que es cosmovisión, cosmogonía y demonología porque es requerido para tener una óptica precisa de la guerra espiritual.

- ✓ **En el pasado:** las oraciones de guerra espiritual eran genéricas y/u orgánicas.

- ✓ **En el presente:** las oraciones de guerra espiritual son específicas para decretos efectivos.

Marcos 9:29 Y Él les dijo: Esta clase con nada puede salir, sino con oración.

Argumento: muchas personas que se oponen a actualizar la cosmovisión de la guerra espiritual y liberación, argumentan que antes no se enseñaban tantas cosas como la cosmovisión fresca, actualizada y estratégica contra el reino de las tinieblas.

- ✓ Lo que no comprenden que las oraciones de guerra espiritual genéricas funcionan a todos, es decir, cuando recién comenzamos a ocuparnos de la liberación.

- ✓ Pero siempre llega un tiempo cuando Dios requiere que seamos más específicos en las oraciones y decretos.

(MH-DuTillet Mateo 17:21) Pero **este género** no se expulsa sino con oración y ayuno.

Cada entidad, demonios, espíritus inmundos y ángeles caídos, tiene su propia especialización.

El género de las entidades

Hace 36 años atrás, no se consideraba esta declaración que nuestro Señor Jesucristo hizo cuando se refirió a qué hay dentro del mundo espiritual de las tinieblas, refiriéndose a géneros diferentes de espíritus inmundos, porque no existen espíritus de actividades en general, que sepan hacer de todo; cada espíritu tiene una especialidad de maldad, de manera que al que estaba refiriéndose Jesús en aquel entonces, se expulsaba con oración y ayuno. Puedo decir que Jesús estaba diciendo la forma en que el obrero de liberación tenía garantizada la victoria, si se apegaba a la estrategia de guerra espiritual a seguir.

Alguien podría decir que eso es un método, pero realmente más que un método es una disciplina para mantenerte poderoso en el nombre de Jesús y servirle a Dios.

Razones De Una Nueva Cosmovisión
(El por qué del nuevo mundo de la liberación)

.- Porque hoy los espíritus inmundos y demonios son más desafiantes que antes; eso significa que te pueden resistir.

- ✓ Antes solamente se batallaba y se expulsaba 1 o 2 demonios o espíritus inmundos de una persona.

- ✓ Hoy se requiere expulsar varios espíritus de una persona porque estás confrontando cadenas de operación, de estructura de espíritus que trabajan en una sola persona lo que los hace más resistentes que antes.

.- Hoy existe más medios y razones por los que la gente abre puertas al mundo de las tinieblas.

- ✓ Antes no existía la fuerza de los que se conocen como La Nueva Era, el yoga, esoterismo.

- ✓ Otra razón es el aumento de la iniquidad, la facilidad de conseguir las drogas, la práctica del sexo ilícito, las cosas que ya no es considerada inmoral, etc., los medios de comunicación llevan de una forma sutil el engaño con el propósito de que la gente abra puertas al pecado.

- ✓ La droga legalizada, las enfermedades mentales incrementadas.

- ✓ Antes la gente pecaba, pero antes no existía las metanfetaminas, opioides, marihuana recreativa, etc., diría que, aunque era pecado, era en menor fuerza o no se había proliferado tanto como hoy.

.- Hoy los demonios y espíritus inmundos están más activos.

- ✓ Hoy la brujería la practica gente culta como abogados, médicos, políticos, jueces y jóvenes universitarios, ya no es sólo un asunto de África, el Caribe o Siberia.

- ✓ Las manifestaciones son iguales como las de África.

- ✓ La brujería y todo ocultismo es más profunda que antes.

- ✓ La gente está en el afán de la espiritualidad, pero sin Jesús, dicho de otra forma, en espiritismo.

- ✓ Entonces esto exige más entrega de un obrero de liberación, más unción, más instrucción, más equipamiento.

Mateo 17:21 Pero esta clase no sale sino con **oración y ayuno**.

.- Hoy las liberaciones son más fuertes y difíciles que antes y por eso se requiere guianza del Espíritu Santo.

- ✓ La guianza del Espíritu Santo te libra de caer en uso de métodos.

- ✓ Dios aborrece los métodos porque se llegan a idolatrar.

.- Hoy hay más cristianos involucrados en el campo de la liberación, pero son pocos los que están verdaderamente equipándose para esto.

- ✓ Muchos no saben discernir los espíritus y demonios e identificarlos.

- ✓ Otros no saben diagnosticar si algo tiene que ver con espíritus y demonios o no.

- ✓ Muchos no saben cuando es un asunto de la carnalidad, disciplina, de terapia, médico, etc.

Jesús nunca envió a Sus discípulos para echar fuera demonios solamente por impartición, primero los equipó durante 3.5 años en una escuela intensiva de enseñanza; por eso en la Biblia puedes ver que Jesús administró las diferentes áreas, pero interesantemente un tercio de Su ministerio lo dedicó a confrontar poderes, echar fuera espíritus inmundos, sanar y expulsar demonios. Eso significa que los discípulos de Jesús, hasta que aprendieron la forma en que se administraba toda esa enseñanza respecto a guerra espiritual, entonces fueron enviados en esa comisión.

Las Sensaciones De Los Demonios
(El lenguaje de los demonios

para decir aquí estoy)

1 Corintios 12:10 …a otro, poder de milagros; a otro, profecía; a otro, **discernimiento de espíritus**; a otro, diversas clases de lenguas, y a otro, interpretación de lenguas.

Cuando una potestad decide manifestar su presencia, lo hace usando diferentes formas, las más comunes son las que citaré, por esa razón es importante tener ese conocimiento básico para poderlos discernir.

.- Cambian la atmósfera del lugar, significa que cambian la temperatura, de calor a frío.

- ✓ Regularmente cuando es un espíritu de muerte, cuando se trata de problemas de inmoralidad, lujuria, lascivia, concupiscencia. Cuando una persona ha hecho un pacto de sangre, cambiará el ambiente a frío.

.- Le producen mareo a alguien incluso al libertador.

- ✓ Esa es una de las formas en la que una entidad de las tinieblas se hace sentir y quien la experimenta es directamente el libertador a consecuencia de la sensibilidad que podrías llevar en ese momento.

.- Mueven cosas físicas.

✓ Puertas, ruidos extraños de objetos o animales, romper cosas en un lugar, etc.

.- Aparición metafísica.

✓ Dejarse ver con la intención de atemorizar.

.- Aparición sensitiva.

✓ Sombras, fantasmas, aires fuertes, olores fétidos, etc.

La Resistencia Demoníaca
(¿Por qué se resisten a la orden de salir?)

Debes saber que los demonios, no todo el tiempo se sujetan a lo que puedas estarles diciendo, aunque ya conozcan el timbre de tu voz, aunque el reino de las tinieblas les haya revelado la frecuencia con la que hablas; porque debes saber que el reino de las tinieblas es muy sutil, complejo, así como tú debes discernirlos, ellos trabajan bajo el sistema de la observación, tomando así información que usarán en su debido momento para debilitar o atacar a la persona que tienen planificado destruir.

Por eso los médium tienen efectividad cuando invocan un espíritu que se haga pasar por una persona que ya murió, y su familia desea consultar a ese muerto; no es el espíritu de ese muerto el que llega, sino que es un espíritu que durante la vida se familiarizó con aquella persona que finalmente murió porque lo estuvo observando como se desarrollaba, al punto que llegó a capturar la frecuencia de la voz de esa persona para imitarlo en el momento que la médium lo invocó con el timbre y frecuencia de la voz de aquel muerto. La pregunta es, ¿por qué? Realmente en la Biblia puedes encontrar que Jesús habló acerca de la resistencia:

Lucas 10:17 Los setenta regresaron con gozo, diciendo: «Señor, hasta **los demonios se nos sujetan en Tu nombre**».

Hechos 4:30 ...mientras extiendes Tu mano para que se hagan curaciones, señales y prodigios mediante **el nombre** de Tu santo Siervo **Jesús**».

> ✓ **El nombre de Jesús es poderoso**: puedo decir con toda convicción, que todo demonio y espíritu inmundo, se sujeta al nombre de Jesús. El nombre de Jesús tiene todo poder.

Si no consideras el nombre de Jesús con la fe que se debe pronunciar, de nada te servirá; cuando lo pronuncies en una liberación, debes saber que eres un obrero de liberación y que estás delegado por Dios para ese efecto y que al nombre de Jesús los demonios huyen si lo haces con fe.

Filipenses 2:9-11 Por lo cual Dios también lo exaltó hasta lo sumo, y **le confirió el nombre** que es sobre todo nombre, **¹⁰** para que **al nombre de Jesús** SE DOBLE TODA RODILLA de los que están en el **cielo**, y en la **tierra**, y **debajo de la tierra**, **¹¹** y toda lengua confiese que Jesucristo es Señor, para gloria de Dios Padre.

La pregunta entonces es: ¿usas el nombre de Jesús en una liberación?, si lo haces, ¿inmediatamente hay liberación de demonios?, posiblemente unos hayan tenido la efectividad en la primera oportunidad que lo pronunciaron, pero quizá otros no y no es la falta de poder del nombre de Jesús, sino que, podría ser la realidad de un derecho que la persona les haya cedido, y que al no confesar aquella situación, les otorga ese derecho de permanecer en aquella persona porque son derechos legales espirituales.

A veces la persona que necesita liberación no confiesa por vergüenza, quizá porque está relacionada con otra persona, etc. Por eso es importante que, antes de una liberación, la persona pueda tener la oportunidad de una ministración al alma para que pueda tener la oportunidad de confesar el pecado porque el principio bíblico es, el que confiesa y se aparta, alcanza misericordia; pero si alguien se apartó del pecado y no confesó, el pecado seguirá vigente; eso es un principio en el mundo espiritual.

La Cosmovisión de La Liberación

La ministración al alma es importante para la efectividad del nombre, porque para una liberación, es necesario tener toda la información posible para que se le quite el derecho. Por esa razón es que no comparto la idea de hacer una confrontación de poder, si no tengo el historial de la persona.

Y no comparto la idea de estar liberando a quien no conozco; cuando viajo a determinados lugares y me solicitan que libere a alguien específico; puedo orar por esa persona y quizá ahí haya una manifestación, lo cual dará lugar para que aquella persona sepa que necesita ministrar su alma para exponer la raíz del problema y que entonces se inicie el proceso de una liberación para alcanzar la plena libertad espiritual.

Una liberación sin información, es como alborotar un hormiguero; por supuesto que por la unción que haya en un obrero de liberación, habrá una manifestación, pero eso no significa que se haya llegado a la raíz del problema; pero servirá para saber entonces qué se necesita de ese proceso de liberación lo cual debería antecederle la ministración al alma.

.- ¿Por qué un demonio se resiste y no es expulsado a la orden en el nombre de Jesús?

- ✓ Porque el demonio tiene derechos legales. El mundo de los espíritus se sujeta al régimen de los derechos espirituales, persigue, cree, se sustenta en ese régimen.

.- ¿Qué pasa cuando una persona tiene manifestaciones, convulsiones, etc., pero no se da la liberación?

- ✓ Reprendemos, ordenamos que en el nombre de Jesús salga, sin embargo no ves los resultados de la expulsión, a pesar, que estás declarando el nombre de Jesús no pasa nada, ¿por qué?, porque no es un demonio, sino que podrían ser estragos que dejó un demonio. Hay demonios cuya tarea no es habitar en una persona, sino que, solamente crear estragos y luego dejan a la persona. En ese caso entonces la persona lo que necesita es sanidad interior.

.- Si hay indicadores de una obra demoníaca pero no hay evidencias de una expulsión, ¿entonces con qué estás tratando?

- ✓ Demonios que causan fracturas. Estos son los demonios que si estuvieron en la persona, pero sólo llegaron a crear el daño y se fueron y ahora hay que trabajar con sanidad interior.

.- ¿Son la misma condición un trastorno mental, una fortaleza mental y una fortaleza demoníaca?

✓ Las personas que no tienen el debido equipamiento ministerial, casi siempre se lo atribuyen a un demonio, pero no debe ser así, cada condición requiere de un trato diferente. El trastorno mental debe ser tratado por un profesional en psicología, psiquiatría, un especialista en la salud mental. El problema con esto es que, a veces la persona con problemas de trastorno mental, lo consulta en internet y compara sus síntomas con lo que encuentra y de ahí obtiene su propio diagnóstico mental.

.- ¿Puede un ministro de Dios, hacerse cargo de las 3 condiciones mentales?

✓ Un ministro no siempre tiene capacidades para hacerse cargo de las tres condiciones mentales; primero debe reconocer que en la esfera de liberación, existen canales de liberación, es decir, la parte que trata lo físico, me refiero a profesional de la salud mental y la parte que trata lo espiritual, que debe atenderla un ministro de Dios.

Una fortaleza mental, obviamente es totalmente diferente a un trastorno mental y una fortaleza demoníaca; por supuesto que si una fortaleza mental no se cambia, llegarán espíritus de apego para buscar abrirse paso a manera de encontrar el derecho legal para convertir aquello en un trastorno mental y así mismo una fortaleza demoníaca. Muchos se hacen un autodiagnóstico con esquizofrenia porque es muy parecida a la fortaleza demoníaca, por ejemplo, existe la esquizofrenia-trastorno mental y hay esquizofrenia-fortaleza demoníaca, son muy parecidas; una es tratada por un profesional de la psicología y la otra es un ministro de Dios que tiene la unción de liberación.

Lo ideal sería que cuando se esté tratando a una persona, se haga en conjunto el ministro de Dios y el psicólogo porque algunas veces el psicólogo pregunta, cuándo era feliz aquella persona, y la respuesta es, cuando iba a la Iglesia, entonces le responde que debe volver a la Iglesia, a lo espiritual si eso lo hace feliz.

La Nueva Cosmovisión Contra El Reino De Las Especialidades De Satanás

Efesios 6:12 (Amplificada) Porque no luchamos con carne y sangre (contendiendo solamente con oponentes físicos), pero contra los despotismos, contra los poderes, contra **(los espíritus que son maestros o expertos)** los gobernantes mundiales de esta oscuridad presente, contra las fuerzas espirituales de maldad en la esfera celestial (sobrenatural).

Esta versión de la Biblia, dice que el mundo espiritual tiene maestros o expertos en leyes, principios y estrategias de guerra.

- ✓ Este pasaje resalta la organización que mantienen y eso tiene que ver con estructuras.

El mundo espiritual es muy exigente a las leyes jurídicas, es decir se rige por leyes.

2 Corintios 2:11 (VMP) …a fin de que Satanás no gane ventaja alguna sobre nosotros; porque no estamos ignorantes de sus **ardides**.

Esto invita entonces a que debes aprender a reconocer las estrategias de las tinieblas, aprender que se mueven por modus operandi.

Las Tareas De Las Entidades De Las Tinieblas

El príncipe de las tinieblas llamado Satanás es el que asigna a todos los principados, las tareas de operación en la Tierra.

- ✓ Ellos tienen la autoridad para operar en el nombre de Satanás y utilizar todo lo que encuentran disponible para actuar y cumplir su tarea.

Por ejemplo:

- ✓ Hacerse valer por personas.
- ✓ Hacerse valer por animales.
- ✓ Hacerse valer por objetos.
- ✓ Hacerse valer por circunstancias, etc.

Si Satanás mueve entidades específicas, es por lo siguiente:

- ✓ Cada entidad, demonios, espíritus inmundos o ángeles caídos tienen su propia especialización.

- ✓ En el reino de las tinieblas no existe uno que haga de todo, es como decir, no existe un demonio orquesta o un médico general.

- ✓ Sólo se les permite tener un área de especialización en la que se desempeñan perfectamente; tienen deberes y áreas de especialización muy específicas.

- ✓ Toda entidad del segundo cielo que tiene rango superior, autoridad, poder, obtiene respeto de otras entidades de menor rango, porque están debidamente organizados, estructurados, entre ellos se reconocen los rangos; por eso es muy importante saber qué nivel ocupa el espíritu de las tinieblas al que vas a enfrentarte, antes de salir a la batalla.

Entidades Especialistas De Áreas Del Cuerpo

Las especialidades de cada una de estas entidades abarcan áreas específicas del cuerpo para causar sus males, daños, enfermedades, ataduras, etc.

Cuando un cuerpo humano está bajo ataque:

- ✓ Habrá problemas específicos porque hay espíritus inmundos y demonios para cada parte del cuerpo humano: corazón, pulmones, riñones, órganos sexuales, huesos, articulaciones, nervios, etc.

- ✓ Pero nada ocurre sin que primero se obtenga permiso legal contra personas y lugares determinados. Satanás es poderoso, pero no puede hacer nada sin que tenga la autoridad para dañar, es una autorización que solamente Dios, el juez justo puede otorgar si Satanás presenta un argumento de peso, Dios lo autorizará porque El cubre pero no encubre pecados de nadie.

Entidades especialistas de áreas del cuerpo:

Juan 19:10-11 Pilato entonces le dijo: …¿No sabes que tengo autoridad para soltarte, y que tengo autoridad para crucificarte? Jesús respondió: Ninguna autoridad tendrías sobre mí si no se te hubiera dado de arriba…

Los espíritus inmundos pueden ocupar diferentes áreas del cuerpo humano, por ejemplo:

- ✓ Los ojos son llenos. (**2 Pedro 2:14**)

- ✓ La boca y la lengua puede ser llena de espíritus inmundos. (**Santiago 3:6**)

- ✓ El alma puede ser llena de espíritus inmundos. (**Job 7:15**)

- ✓ El corazón puede ser lleno de muchos espíritus inmundos. (**Marcos 7:21**)

- ✓ Los genitales pueden ser llenos de espíritus inmundos. (**Gálatas 5**)

- ✓ Los oídos pueden ser llenos por espíritus inmundos. (**Marcos 9:25**)

- ✓ La mente puede ser llena de espíritus inmundos. (**Efesios 4:17-18**)

✓ Las manos y los pies pueden ser llenos de espíritus inmundos etc. (**Mateo 12:10**)

AUTOEVALUACIÓN
Clase #1 primer nivel básico.
Tema: La Cosmovisión de La Liberación.

Introducción
La temática de la cosmovisión está enfocada en alcanzar el entendimiento completo de cómo ver la evolución de la guerra espiritual.

Esta autoevaluación está elaborada para poner a prueba tu capacidad de asimilación de esta clase específicamente.

Tienes 10 preguntas en total, por favor lee cuidadosamente cada pregunta para poder responder con una "x" en la respuesta correcta.

- ✓ ¿Cuál es la razón de llamar a esta clase "La cosmovisión de la liberación?

Respuesta 1: Es un título que aparece en la Biblia. ___

Respuesta 2: Debemos tener actualizada la visión de guerra espiritual.___

Respuesta 3: Tiene que ver con un don un espiritual. ___

✓ **¿Qué es la sinergia de la cosmovisión?**

Respuesta 1: Sumar las cosmovisiones pasadas a la presente.___

Respuesta 2: Ignorar las cosmovisiones pasadas.___

Respuesta 3: No tiene que ver nada con la cosmovisión. ___

✓ **Las razones por qué la cosmovisión debe de ser actualizada:**

Respuesta 1: Los demonios tienen menos actividad.___

Respuesta 2: Los demonios son más desafiantes en este último tiempo y más resistentes.___

Respuesta 3: Para competir con otros obreros de liberación.___

✓ **¿Por qué algunos demonios se resisten a salir a la orden del guerrero de liberación?**

Respuesta 1: Porque no es el tiempo de salir de la persona.___

Respuesta 2: Porque no quieren salir.___

Respuesta 3: Porque es un asunto de derechos legales que aún no se ha confesado.___

- ✓ **Los espíritus y demonios tienen la capacidad de ser lo que ellos quieren ser.**

Respuesta 1: Tienen especialidades específicas.___

Respuesta 2: Si pueden porque son como una orquesta o médicos generales.___

Respuesta 3: solo pueden ser de 5 diferentes formas.___

- ✓ **La liberación efectiva es la que persigue el siguiente principio:**

Respuesta 1: La que sigue un método.___

Respuesta 2: La guiada por el Espíritu Santo.___

Respuesta 3: La que escoge el equipo de liberación.___

La Cosmovisión de La Liberación

✓ **¿Son la misma condición un trastorno mental, una fortaleza mental y una fortaleza demoníaca?**

Respuesta 1: Las 3 condiciones son lo mismo.___

Respuesta 2: No cada una es diferente condición.___

Respuesta 3: Solo 2 de estas condiciones son iguales.___

✓ **¿Qué parte del cristiano pueden ocupar los espíritus?**

Respuesta 1: Solo el alma.___

Respuesta 2: Solo el cuerpo.___

Respuesta 3: El cuerpo y el alma.___

✓ **¿Puede ser posesionado un creyente?**

Respuesta 1: Si se deja.___

Respuesta 2: Ya no puede ser posesión.___

Respuesta 3: Si el demonio así lo elige.___

- ✓ **¿En qué consiste la autoridad de un libertador?**

Respuesta 1: Ungido por el Espíritu Santo y tener conocimiento.___

Respuesta 2: Gritar muy fuerte.___

Respuesta 3: Ir siempre a la iglesia.___

La Anatomía De La Liberación

(Lugares ocupados por los espíritus)

Capítulo 2

En este capítulo me enfocaré en explicar los lugares, los espacios, las habitaciones y las partes del ser humano en el que se pueden esconder los espíritus de las tinieblas, por eso debes considerar que es la continuación del capítulo anterior y aquí es donde ampliaré muchas de las cosas que estuviste viendo anteriormente, por supuesto todo a la luz de la palabra de Dios, la Biblia, donde podrás ver algunas razones doctrinales acerca de la realidad que existe acerca de que los espíritus pueden habitar en muchas partes del cuerpo y alma.

A continuación describiré entonces la primera cita en la cual se habla de un mismo punto pero con doble referencia:

Lucas 11:24-26 Cuando el espíritu inmundo sale del **hombre**, pasa por lugares áridos buscando descanso; y al no hallarlo, dice: «**Volveré a mi casa** de donde salí». [25] Y cuando llega, la encuentra barrida y arreglada. [26] Entonces va y toma consigo otros siete espíritus peores que él, y entrando, moran allí; **y el estado final de aquel hombre** resulta peor que el primero.

El primer punto que debes notar aquí es que, cuando se refiere al hombre, está hablando al mismo tiempo de una casa, en este caso, la casa del espíritu inmundo que ha salido a tomar reposo.

Lucas 11:24-26 Cuando el espíritu inmundo sale del **hombre** (**G444 anthrōpos humano, hombre o mujer**), pasa por lugares áridos buscando descanso; y al no hallarlo, dice: **«Volveré a mi casa (G3624 oíkos; casa, templo.)** de donde salí». ²⁵ Y cuando llega, la encuentra barrida y arreglada. ²⁶ Entonces va y toma consigo otros siete espíritus peores que él, y entrando, moran allí; **y el estado final de aquel hombre** resulta peor que el primero.

- ✓ Aquí puedes ver la ley de la doble representación y/o el principio de doble referencia.

- ✓ El principio de doble referencia declara que un pasaje puede referirse a una persona o cosa como primario y a la vez a una persona o cosa, secundario.

Cuando ves en los diccionarios que tienen significados de palabras griegas, puedes ver que la explicación a veces es muy corta, de manera que, es necesario añadirle mentalidad griega y saber qué es a lo que se refiere en griego, en este caso, cuando habla de **oíkos**, o sea lo que en español está traducido como **casa**; la mentalidad griega está bajo el entendido que el espíritu inmundo puede volver, no solamente a la misma persona de donde salió, sino que, a cualquier otro miembro de la familia cercana de la persona que salió o puede regresar el espíritu inmundo a otra persona que pueda tener el mismo código genético de aquel de donde salió.

El Poder de La Anatomía De Los Espíritus

A continuación, describiré cómo está manifestado el poder de la anatomía de los espíritus, en base a la cita de Lucas 11:24-26, refiriéndome específicamente a lo que está afectando y en qué versículo lo puedes ver:

- ✓ Son inmundos (**Lucas 11:24**)

- ✓ Pueden entrar y salir de los cuerpos humanos (**Lucas 11:24-26**)

- ✓ Pueden caminar (**Lucas 11:24**)

- ✓ Buscan reposo o comodidad (**Lucas 11:24**)

- ✓ Pueden hablar (**Lucas 11:24**)

- ✓ Toman decisiones (**Lucas 11:24**)

- ✓ Distinguen entre diferentes lugares (**Lucas 11:24-26**)

- ✓ Buscan compañía entre sí (**Lucas 11:26**)

- ✓ Son malvados, unos más que otros (**Lucas 11:26**)

- ✓ Buscan el control total de los hombres (**Lucas 11:24-26**)

Esta es una referencia de la capacidad que tienen los espíritus inmundos, como si ellos también tuvieran una estructura anatómica, características muy semejantes a las nuestras como es el hecho de tomar decisiones, distinguen lugares, buscan compañía entre sí, etc.

Por supuesto que esto lleva la intención de hacerte ver la necesidad de que seas equipado. En la Biblia puedes ver que los discípulos de Jesús primero fueron equipados y al final del ministerio de Jesús, entonces llegó el asignamiento; pero insisto, primero debes ser equipado debidamente, debes asimilar todo lo que estés aprendiendo porque el mundo de los espíritus es muy complejo. Por eso he insistido en la necesidad de conocer la cosmovisión fresca y actualizada porque cada tiempo tiene lo suyo por cuanto las entidades de las tinieblas han evolucionado en la maldad y que la forma como ayer ejercían la maldad, hoy es diferente y mañana cambiará también.

Las potestades de las tinieblas que están interviniendo hoy, parecería que habían estado reservadas para este tiempo final, pero es necesario conocer la base de la cosmovisión anterior para poder ver el incremento de males, conocer las estrategias más sofisticadas con las que interactúan, la complejidad que existe en su modus operandi de las tinieblas y que sus artimañas pueden evolucionar en el mal, por supuesto, pero debes discernirlas por el don de discernimiento de espíritu pero también por el conocimiento que estás adquiriendo constantemente porque eso te ayudará a comprender la naturaleza de las entidades en relación a sus nombres y oficio específico.

La Anatomía Espiritual

- ✓ La cosmovisión del Apóstol Pablo venía de lo que Cristo enseñó (sinergia), fluyó con esa misma cosmovisión fresca, actualizada y estratégica contra el reino de las tinieblas.

- ✓ También explicó que en el mundo de los espíritus saben que los hombres fueron creados para ser templos de Dios, de manera que para las tinieblas, aún hay batallas espirituales que deben librarse para conquistarlos y habitarlos, porque por naturaleza, el ser humano es un espíritu con alma y cuerpo, por consiguiente, eso es suficiente prueba para ellos, de que el cuerpo puede albergar espíritus y digo espíritus porque además del espíritu humano que habita en el ser humano, cuando alguien llega a los pies de Cristo, entonces también está dentro de aquella persona, el Espíritu de Cristo y el Espíritu Santo. Con eso puedo decir entonces que nadie sobre la Tierra puede vivir sin llenuras; importantísimo que asimiles esto porque si no eres lleno de parte de Dios, las tinieblas buscarán llenarte.

Ahora bien, para comprender las habitaciones, primero es necesario comprender lo que dice la Biblia:

1 Corintios 3:16-17 ¿No sabéis que sois templo de Dios y que el Espíritu de Dios habita en vosotros? **17** Si alguno destruye el templo de Dios, Dios lo destruirá a él, porque el templo de Dios es santo, y **eso es lo que vosotros sois**.

Con la cosmovisión que Jesús dio en **Lucas 11:24-26**, el Apóstol Pablo enseña la razón por la que fuiste creado lo cual fue para ser templo del Espíritu Santo. De manera que tienes condición, naturaleza, realidad, diseño y compatibilidad de ser lleno de Dios. Sin embargo, el reino de las tinieblas, no está tratando de ver si quizá el cuerpo humano pueda alguna vez, tener influencia desde adentro, entiéndase, una manipulación de un espíritu inmundo; el reino de las tinieblas sabe que es posible, razón por la cual es que existen esas batallas espirituales porque saben que es la única manera para poder tener una identidad en la Tierra y así tener una permanencia prolongada, de otra manera solamente serían vientos de un lado a otro, mientras que al tener un cuerpo, pueden manifestar quiénes son.

2 Corintios 6:16 ...Porque nosotros somos el templo del Dios vivo, como Dios dijo: Habitare en ellos, y andaré entre ellos; y seré su Dios, y ellos serán mi pueblo.

- ✓ Con este versículo puedes ver que el Apóstol Pablo está haciendo referencia a una cosmovisión más antigua de la descrita en **Lucas 11:24-26**, está haciendo referencia a lo que dijo Moisés.

Otros versículos donde está haciendo referencia el Apóstol Pablo al pecado de tipo sexual, son los siguientes:

1 Corintios 6:13 ...Sin embargo, el cuerpo no es para la fornicación, sino para el Señor, y el Señor es para el cuerpo.

1 Corintios 6:18 Huid de la fornicación. Todos los demás pecados que un hombre comete están fuera del cuerpo, pero el fornicario peca contra su propio cuerpo.

Fornicación: G4202 Porneia, se menciona 26 veces en Corintios y es la fornicación.

Esto implica problemas sexuales de manera ilícita, lo que permite entonces el cederle permiso a una entidad de las tinieblas que se manifestará con lujuria, lascivia, concupiscencia, homosexualismo, lesbianismo, bestialismo. Recuerda que el pecado de tipo sexual en general se le llama fornicación, lo cual incluye el adulterio que es conocido como la relación sexual ilícita entre una persona casada y otra persona soltera pero el principio es llamado fornicación donde a través del contacto de los órganos reproductores, tanto masculino como femenino, ambos siendo sanguíneos aunque ya no sean vírgenes, siguen siendo sanguíneos; de manera que a ese contacto es donde se está cediendo un derecho para que una potestad pueda entrar a un cuerpo y decide quedarse por causa de la fornicación.

Cuando mencioné que el Apóstol Pablo estaba haciendo referencia a lo dicho por Moisés, me refería a lo siguiente:

Éxodo 29:45 Y habitaré entre los hijos de Israel, y seré su Dios.

Éxodo 29:45 (MSG) Me mudaré y habitaré con los israelitas. Seré su Dios.

Cuando Dios está diciendo que habitaría entre los hijos de Israel, en la versión de la Biblia El Mensaje, es como que estuviera diciendo que dejaría el cielo para vivir dentro del ser humano.

Éxodo 29:45 Y habitaré^{H7931} entre^{H8432} los hijos de Israel, y seré su Dios.

La palabra, **entre**: **Yo entre ellos...**

Revela la condición y el objetivo del hombre en su calidad de templo.

- ✓ **La condición:** los liberó de Egipto con la condición de residir entre ellos.

- ✓ **El objetivo:** los sacó de Egipto para ser el único pueblo donde residiría en el interior de ellos.

Los estudiosos dicen que **Éxodo 29:45** revela a Aarón el tabernáculo.

Habitar: H7931 shakánn: residir o quedarse permanentemente (literalmente o figurativamente) permanecer.

Entre: H8432   Távek: Significa: allí, entre, interior.

Paráfrasis: Y permaneceré en el Interior de los hijos de Israel.

Eso viene a ser lo que se conoce en arquitectura como el blue print de la construcción del templo, donde puedo decir que el templo que levantó Salomón, tiene el diseño del cuerpo humano porque Dios creó al ser humano para que fuera lleno de Su presencia, gloria, poder, del Padre, Hijo y Espíritu Santo además de tener el espíritu humano.

Ahora podrías preguntarte lo siguiente:

¿Dónde se esconden o habitan los espíritus inmundos o demonios en una persona?

Por ejemplo:

- ✓ Los 7 demonios en María de Magda.
- ✓ La Legión en el gadareno.
- ✓ El espíritu de tormento y de paranoia en Saúl.
- ✓ El espíritu de enfermedad en la mujer encorvada, etc.

Marcos 5:8-9 Porque Jesús le decía: Sal del hombre, espíritu inmundo. **9 ¿Cómo te llamas?** le preguntó Jesús. Me llamo Legión, respondió, porque somos muchos.

Una Legión se componía de 6,826 elementos en un ejército, de manera que los espíritus tomaron como base esa medida para identificarse en conjunto. No obstante del número de elementos de una Legión, cada gobernante asignaba el número que lo componían, pero en los días de Jesús, ese era el número.

Es interesante el hecho que aquel hombre conocido como el gadareno, tuviera 6,826 demonios; porque si el cuerpo humano fue creado para ser templo con muchas habitaciones y que en la parte anatómica tienes muchos órganos, estructuras como la estructura ósea, la estructura del sistema sanguíneo, sistema de nervios, etc., todos esos sistemas pueden ser habitados.

La Anatomía De Liberación

A los ministros de Dios del tiempo final, se les dará la nueva cosmovisión de la liberación para que estén actualizados con los detalles para la liberación; no obstante tomaré como base una cosmovisión del Antiguo Testamento, una revelación que Dios mismo dio, para que se pueda concatenar con todo lo que has visto hasta ese punto, en la base que fuiste creado como templo y para que tu cuerpo tenga las llenuras que Dios concede.

En la Biblia puedes ver una referencia muy importante que es necesario analizar muy de cerca:

Ezequiel 44:5 (DHH 2002) Entonces el Señor me dijo: "Tú, hombre, abre bien los ojos y escucha atentamente todo lo que te voy a decir acerca de las leyes y normas del templo: pon tu corazón á **las entradas de la casa**, fíjate bien quiénes son **los que pueden entrar en el templo** y quiénes son **los que pueden salir del templo**.

- ✓ Ezequiel fue escogido por Dios para ser nombrado el que ministraría la nueva cosmovisión de liberación y para que la conociera.

- ✓ Ezequiel criado y entrenado para ser sacerdote por sus padres, vino a ser llamado por Dios para ser Profeta con sabiduría y entendimiento (cosmovisión fresca, actualizada), para la liberación de los hombres templo, porque era el siervo que Dios había formado para conocer perfectamente el templo y la liturgia que correspondía.

- ✓ Ezequiel tenía entonces la debida formación de parte de Dios, con el propósito que pudiera decretar, reprender y hablar con autoridad, corregir e instruir en saber cuál es la condición del templo que le agrada a Dios, la condición del hombre que le agrada a Dios.

✓ Dado que Ezequiel conocía cómo estaba construido el templo, sabía quiénes podían entrar en el templo; espiritualmente diría, Dios le estaba diciendo cuáles eran los accesos que tiene el hombre por donde pueden entrar espíritus, quiénes pueden entrar: es Espíritu de Dios, las ministraciones de los espíritus de Dios o los espíritus del reino de las tinieblas.

Pregunta: ¿Por qué es importante entender el plano de los templos hombres?

Respuesta: Para saber dónde se esconden los espíritus o demonios en el cuerpo.

Ezequiel 43:10-11 Y tú, hijo de hombre, describe el templo a la casa de Israel, para que se avergüencen de sus iniquidades, y tomen las medidas de su plano. ¹¹ Y si se avergüenzan de todo lo que han hecho, **enséñales el diseño del templo**, su estructura, sus salidas, sus entradas, todos sus diseños, todos sus estatutos y todas sus leyes. Y escribe esto ante sus ojos para que guarden todas sus leyes y todos sus estatutos, y los cumplan.

Todo lo que aquí se está mencionando, debes hacer una analogía con el cuerpo humano por cuanto dice la Biblia que eres templo y morada del Espíritu Santo; Dios te ha constituido para que, después de haber sido salvo, haberte perdonado y restaurado, entonces consideres que Dios desea habitar en ti.

Dios le ordena al Profeta Ezequiel (entiéndase al ministro de Dios), que aprenda acerca del templo:

✓ Los procesos de las entradas y salidas del templo, también que estudie el plano o modelo.

Los orígenes de Ezequiel:

✓ Venía de un linaje de sacerdotes.
✓ Fue criado y entrenado para ser sacerdote
✓ Dios lo llamó al oficio sacerdotal.
✓ Dios le revela a acerca del templo.
✓ Fue como un inspector del templo.
✓ El representa a los ministros de hoy con revelación del templo.

Este es un tiempo de la liberación, de manera que debes actualizar tu cosmovisión de liberación y guerra espiritual.

Es muy interesante que, en el Nuevo Testamento, la palabra templo tiene 2 simbologías: una es el templo arquitectónico y la otra es el templo hecho por la mano de Dios; sin embargo, utiliza el templo arquitectónico para ejemplificar el templo hecho con Sus manos. Otro punto es que el templo que está describiendo el Profeta Ezequiel, era lleno por la Shekina de Dios, pero también hubo espíritus inmundos, de igual forma puedo decir que sucede con el templo del Espíritu Santo; puede descender la gloria de Dios o pueden entrar espíritus inmundos.

Ezequiel 41:6 Las habitaciones laterales del templo estaban sobrepuestas unas a otras, **treinta en cada uno de los tres pisos**; Las vigas de esas habitaciones laterales se apoyaban sobre cornisas exteriores que sobresalían del muro del templo; no estaban empotradas en el muro.

- ✓ **Eran 3 pisos**; esto es figura de la constitución del ser trino como cuerpo humano.
- ✓ **Eran 30 habitaciones en cada piso.**
- ✓ **Eran 90 habitaciones en total.**

Los Conceptos Del Templo

- ✓ Para saber la base de que eres el templo del Espíritu de Dios y , Espíritu Santo, necesitas ver el concepto del templo.

- ✓ Para saber cómo Dios opera en ti, necesitas entender los conceptos del templo.

- ✓ Si eres el templo de Dios, ¿cuál es la función del templo?

La estructura del templo arquitectónico y humano:

1. **Atrio.**
2. **Lugar Santo.**
3. **Lugar Santísimo**

Si no llegas a comprender el templo, no lograrás comprender tu espiritualidad.

Ahora Ezequiel como Profeta y Sacerdote, Dios lo estaba nombrando inspector del templo, una posición de gran autoridad.

Ezequiel 43:10 (DHH 1994) Y tú, hombre, cuéntales a los israelitas lo que viste…

Lo que Dios le mostró del templo, ahora Israel debía estudiar sus planos y medidas (blue print).

- ✓ La persona con más poder sobre un edificio no necesariamente es su propietario, sino el inspector, porque este tiene la autoridad para aprobar o denegar la ocupación. Esta es la autoridad que Dios le dio a Ezequiel.

- ✓ Para asegurarse de que sería un buen inspector del templo, Dios llevó a Ezequiel a través de un curso intensivo, mostrándole cómo cerrar áreas del templo (atar), o aprobar el acceso a las mismas (soltar).

- ✓ En la actualidad puedo decir que los ministros de Dios, que verdaderamente sean equipados, conocedores de esos principios, los que son conscientes de la anatomía de la liberación, serán los que tendrán mayor autoridad para limpiar el templo y echar fuera aquello que está ilegalmente ocupando un lugar; si una persona autorizó por pecador o estilo de vida pecaminoso, que entrara un espíritu inmundo, los inspectores, viéndolo como fue habilitado Ezequiel, tienen la autoridad de parte de Dios y también la solvencia para desalojar una potestad de las tinieblas.

- ✓ Lamentablemente hoy día, hay muchos que creen que la liberación de demonios y espíritus inmundos es en base a un método y un nivel de gritos sin discernir muchas cosas que se deben analizar. La liberación que se debe llevar a cabo hoy, es muy detallada, se debe conocer qué órgano está siendo afectado, a partir de qué evento, etc., no es como se hacía en el pasado como una liberación orgánica.

Luego Dios dijo a Ezequiel que enseñara lo mismo a otros.

Ezequiel 43:11 ...explícales la forma del templo y lo que hay en él, las salidas y entradas, en fin, todo el plano, lo mismo que las leyes que deben cumplir. Dibújales todo esto para que tengan una idea clara del diseño y lo lleven a cabo. Escríbeles también todas las leyes para que puedan cumplirlas.

Una vez que se conocen los detalles que la persona que está en proceso de liberación, ha podido exponer, entonces puede hacerse el análisis y decirle a la persona que su problema es por aquello que el Espíritu Santo te muestre, por lo que logres discernir, decirle por cuál puerta es que entró pero que es necesario desalojarlo en base a los principios bíblicos, diciéndole a la persona que debe renunciar a lo que hizo, al pecado, debe confesar y apartarse para alcanzar misericordia, por supuesto que el que está liberando también debe poner dentro de ese debate, el arrepentimiento mostrado, la misericordia de Dios y el poder de parte de Dios para liberar y dar una nueva oportunidad a la persona.

En el capítulo 8 de Ezequiel, el Profeta hizo tres cosas que sirven como modelo para profundizar en la liberación.

Ezequiel 8:7-9 Después me llevó a la entrada del atrio, y cuando miré, he aquí, había un **agujero en el muro**. **⁸** Y me dijo: Hijo de hombre, cava ahora en el muro. Cavé en el muro, y he aquí una entrada. **⁹** Entonces me dijo: Entra y ve las perversas abominaciones que ellos cometen aquí.

Espiritualmente hablando, los agujeros son grietas en el alma, representados en los traumas, heridas, brechas generacionales, es por donde un espíritu puede entrar. Un espíritu inmundo necesita una apertura buscando el derecho para poder entrar, ese derecho es el agujero que encuentra finalmente. Por eso es necesario que antes de una liberación, haya una ministración al alma la cual marcará una etapa del proceso para poder llegar a tener una liberación completa. La ministración es la consulta que tendrá el que será liberado, es como el momento cuando vas al médico, tienes que responder a las preguntas que él te haga: dónde te duele, desde cuándo te duele, el dolor ha estado también en alguien de la familia, etc., así también en la ministración, el ministro hará las preguntas recibiendo toda la información necesaria donde la persona dirá lo que ha sufrido, lo que hizo, lo que no sabía que no debía hacer, el engaño que sufrió, el engaño que padeció, la venganza que padeció, etc., todos esos detalles tienen que salir en la faceta de la liberación.

Después de eso es cuando la persona debe pedir perdón a Dios para quitarle los derechos al espíritu inmundo y entonces se le ordena al espíritu inmundo que salga de aquella vida porque la persona confesó, se apartó y alcanzó la misericordia de Dios; esa es la ecuación de la misericordia, lamentablemente muchos solamente se apartan pero no confiesan su pecado, de manera que eso mismo hace que el derecho del espíritu inmundo, pueda seguir vigente, porque el mundo espiritual se rige a través de derechos espirituales, de manera que no hay quien pueda echar fuera un espíritu inmundo, si primero no se procesan las documentaciones en los tribunales celestiales donde Satanás tiene acceso para presentar los documentos que tiene en contra de una persona y es donde el libertador, a través de la renuncia de aquella persona, después de haber pedido perdón a Dios o que perdonó a la persona que le hizo un daño, es cuando se pueden anular las documentaciones y arrebatar el derecho legal que tiene Satanás y cuando es emitida la orden de represión de abandonar aquel cuerpo, entonces sale porque ya no existe un derecho que sostenga para que siga dañando a la persona.

Las Habitaciones, Las Entradas y Las Salidas En La Liberación

- ✓ En el reino de las tinieblas no existe espíritu inmundo o demonio que haga de todo, es como decir, no existe un demonio orquesta o un médico general.

- ✓ Sólo se les permite tener un área de especialización en la que se desempeñan perfectamente, por eso tienen deberes y áreas de especialización muy específicas.

- ✓ Toda entidad tiene rango superior, autoridad, poder y los de más alto rango obtienen el respeto de otras entidades de menor rango, como ya lo mencioné anteriormente, una legión. Dentro del basto mundo espiritual, específicamente en el reino de las tinieblas, hay espíritus pioneros que son los que empiezan abriendo brecha, después llegan los precursores para abrir camino, esos son los llamados espíritus de apego para facilitar la entrada de otro espíritu que llega con otra especialización.

✓ Las especialidades de cada una de estas entidades, abarca áreas específicas del cuerpo para causar sus males, daños, enfermedades, ataduras, etc.

Cuerpo humano bajo ataque:

✓ Existen espíritus inmundos y demonios para cada parte del cuerpo humano: corazón, pulmones, riñones, órganos sexuales, huesos, articulaciones, nervios, ojos, garganta, etc.

✓ Pero nada ocurre sin que primero no se obtenga el permiso legal en la corte celestial, donde tienen lugar los protocolos de un tribunal.

¿En qué me baso para decir que todo el daño que le sucede a una persona, primero debe gestionarse un permiso legal en la corte celestial?, a continuación la base bíblica:

Juan 19:10-11 Pilato entonces le dijo: …¿No sabes que tengo autoridad para soltarte, y que tengo autoridad para crucificarte? ¹¹ Jesús respondió: **Ninguna autoridad tendrías sobre mí si no se te hubiera dado de arriba**…

Habitaciones y Entradas A La Anatomía

Los espíritus inmundos pueden ocupar diferentes áreas del cuerpo humano, como ya lo mencioné, pero dejaré de forma muy general algunos ejemplos con su base bíblica:

- ✓ Los ojos son llenos. (**2 Pedro 2:14**)

- ✓ La boca y la lengua puede ser llena de espíritus inmundos. (**Santiago 3:6**)

- ✓ El alma puede ser llena de espíritus inmundos. (**Job 7:15**)

- ✓ El corazón puede ser lleno de muchos espíritus inmundos. (**Marcos 7:21**)

- ✓ Los órganos genitales pueden ser llenos de espíritus inmundos. (**Gálatas 5**)

- ✓ Los oídos pueden ser llenos por espíritus inmundos. (**Marcos 9:25**)

- ✓ La mente puede ser llena de espíritus inmundos. (**Efesios 4:17-18**)

- ✓ Las manos y los pies pueden ser llenos de espíritus inmundos, etc. (**Mateo 12:10**)

Lo asombroso de esto es que, según el Profeta Ezequiel, la enseñanza que recibió, dice que el templo que levantó Salomón, que es el plano arquitectónico del templo hecho por Dios, entiéndase el cuerpo humano, tiene las mismas características, 3 niveles y 90 habitaciones en semejanza a espíritu, alma y cuerpo del ser trino que eres, con 90 lugares que pueden ser habitados por un espíritu inmundo o demonio.

Las Entradas Y Salidas En El Hombre

- ✓ **La boca:** Proverbios 18:21

- ✓ **Los labios:** Romanos 3:13

- ✓ **Los ojos:** 2 Pedro 2:14

- ✓ **Los oídos: Salmos 135:17**
- ✓ **La nariz: 2 Reyes 4:35**
- ✓ **Células.**
- ✓ **El final del tubo digestivo: Mateo 15:17**
- ✓ **La piel: lepra Levíticos 13**
- ✓ **La lengua: Santiago 3:6**
- ✓ **Los huesos: Salmos 38:3**
- ✓ **La espalda: (La mujer encorvada)**
- ✓ **Los pies: Proverbios 1:16**
- ✓ **Los dedos: Proverbios 6:12-13**
- ✓ **El rostro: Génesis 4:6 RV**
- ✓ **Sistema nervioso.**
- ✓ **La sangre (ADN).**
- ✓ **Químicos del cerebro.**

- ✓ **Dopamina** (Atacada por la pornografía).

- ✓ **Epinefrina.**

- ✓ **Norepinefrina.**

- ✓ **Acido gamma-aminobutírico.**

- ✓ **Serotonina.**

- ✓ **Neuronas.**

- ✓ **Las dendritas: pensamientos.**

- ✓ **La coyuntura de los huesos.**

- ✓ **Muslo: Números 5:25**

- ✓ **El cuello. (Yugos) Isaías 14:25**

- ✓ **Los hombros: Isaías 14:25**

- ✓ **Las rodillas: (Paralizadas) Hebreos 12:12**

- ✓ **Los pulmones: Efesios 2:2 (BLA MSG)**

- ✓ **Los tendones: Job 30:17 (KJV)**

- ✓ Los músculos.
- ✓ El vientre o estómago: Proverbios 18:8
- ✓ El corazón: Isaías 32:6 (BLA, Arco iris)
- ✓ El cerebro.
- ✓ El nervio vago (2 nervios craneales).
- ✓ La corteza prefrontal (se desgasta con la tentación).
- ✓ La mente (fortaleza mental 2 Corintios 10:4)
- ✓ El consciente (diánoia #G1271).
- ✓ El subconsciente (Nous #G3563).
- ✓ El inconsciente (Cheder #H2315).
- ✓ La memoria.
- ✓ El intelecto.
- ✓ El alma.
- ✓ Emociones.

- ✓ **Sentimientos.**

- ✓ **La voluntad.**

- ✓ **El cordón umbilical (mujer).**

- ✓ **Esperma.**

- ✓ **Óvulos.**

- ✓ **Sistema sanguíneo.**

- ✓ **Arterias.**

- ✓ **Órganos reproductivos femeninos.**

- ✓ **Órganos reproductivos masculinos.**

- ✓ **Hemisferios.**

- ✓ **Vertebras.**

- ✓ **Glándula pineal.**

Sería demasiado extenso explicar cada una de esas entradas para entonces ver su modus operandi, saber cómo son los indicadores para saber que determinado espíritu ingresó a determinada parte; insisto en que sería demasiado tiempo, sin embargo, ya tienes una referencia para poderlo estudiar, por ejemplo, cómo es afectado el cerebro el cual es la puerta para la mente y la mente es la puerta para el alma y antes de todo eso, ver cómo son afectados los ojos, oídos, olfato, la boca, el tacto para finalmente llegar al alma.

Dentro del cerebro puede ocupar otras partes como el consciente, el subconsciente, el inconsciente, la corteza prefrontal donde está el dominio propio y hace que se desgaste, el hemisferio donde está la imaginación, etc., todos esos detalles son importantes conocerlos para saber sobre qué debes ir, para saber dónde está el espíritu inmundo. Por eso Jesús dijo que por el dedo de Jehová echaba fuera demonios. En el lenguaje anecdótico que utilizaba Jesús, estaba refiriéndose a que El estaba señalando una parte específica donde El discernía que estaba escondido el espíritu inmundo.

Primera Entrada De Las 90 Habitaciones

El Profeta Ezequiel fue nombrado para ministrar la nueva cosmovisión de liberación y Dios lo escogió para que la conociera.

Marcos 1:23-25 Y he aquí estaba en la sinagoga de ellos **un hombre con un espíritu inmundo**, el cual comenzó a gritar, ²⁴ diciendo: **¿Qué tenemos que ver contigo, Jesús de Nazaret?** ¿Has venido a destruirnos? Yo sé quién eres: el Santo de Dios. ²⁵ Jesús lo reprendió, diciendo: ¡Cállate, y sal de él!

Primer Entrada Del Primer Piso: Cuerpo.

La boca y su plano: labios, lengua, garganta.

Es una de las partes más importantes del cuerpo humano y que lo hace ser diferente a otra creación en la Tierra y que lo destaca como un ser inteligente, según lo dice la Biblia.

1 Corintios 15:45 Así dice la Escritura: El primer hombre, Adán, se convirtió en un ser viviente…

- ✓ El hombre es un espíritu inteligente que habla.
- ✓ Se puede comunicar verbalmente y puede establecer cosas con hablar.

Mateo 18:18 Les aseguro que lo que ustedes aten aquí en la tierra, también quedará atado en el cielo, y lo que ustedes desaten aquí en la tierra, también quedará desatado en el cielo.

Con la boca tienes poder:

- ✓ Poder al hablar para una moción espiritual.
- ✓ Poder para hablar y renunciar a todo poder demoníaco y que cese toda fuerza contra él o ella.
- ✓ Los demonios tienen que obedecer.
- ✓ Por eso la boca es una de las áreas más atacadas por demonios: son vulnerables, puertas, habitaciones.

Proverbios 18:21 Muerte y vida están en poder de la lengua, y los que la aman comerán su fruto.

Salmos 141:3 SEÑOR, pon guarda a mi boca; vigila la puerta de mis labios.

Proverbios 13:3 Él que guarda su boca, preserva su vida; el que mucho abre sus labios, termina en ruina.

Proverbios 21:23 El que guarda su boca y su lengua, guarda su alma de angustias.

Si tus palabras abrieron la puerta a los demonios e hicieron de su habitación, así mismo las palabras correctas pueden expulsarlos y cerrarles puertas para que no vuelvan a entrar.

Filipenses 4:8 Por lo demás, hermanos, todo lo que es verdadero, todo lo digno, todo lo justo, todo lo puro, todo lo amable, todo lo honorable, si hay alguna virtud o algo que merece elogio, en esto meditad.

- ✓ El reino de las tinieblas sabe el poder que hay en la boca del humano.
- ✓ El reino de las tinieblas necesita esa voz porque ellos no tienen voz.
- ✓ El reino de las nieblas sabe que si hacen de la boca su habitación la convierten en su instrumento.

Romanos 3:13 SEPULCRO ABIERTO ES SU **GARGANTA**, ENGAÑAN DE CONTINUO CON SU **LENGUA**, VENENO DE SERPIENTES HAY BAJO SUS **LABIOS**...

Boca bajo el dominio de los demonios

Los demonios en el área de la boca y los labios, se manifiestan en varias cosas, por ejemplo:

- ✓ La blasfemia.
- ✓ El chisme.
- ✓ La seducción.
- ✓ El mentir.
- ✓ El maldecir.
- ✓ Hablar negativamente.
- ✓ La calumnia.

- ✓ El acusar.
- ✓ El difamar, etc.

Podemos decir entonces que las palabras dan poder al mundo de los espíritus de las tinieblas, es decir, dan poder a espíritus inmundos, dan poder a demonios y dan poder a ángeles caídos.

- ✓ De tal manera que, como el mundo espiritual sabe el poder que hay en las palabras, se puede decir, que por eso les gusta acampar alrededor de la boca, hacen de la boca, de los labios, de la garganta sus habitaciones.

Por eso David decía:

Salmo 141:3 Pon, oh Jehová, guarda á mi boca: guarda la puerta de mis labios.

La Liberación y Evicción De La Primera Entrada: La Boca

La liberación es la evicción de los espíritus o demonios que habitan en la boca, de la misma manera es que las palabras negativas abren la puerta, también se puede cerrar y anular la entrada a los espíritus o demonios que atacan la boca.

- ✓ Hablando aquellas cosas que son verdaderas, justas y amables, como está escrito:

Filipenses 4:8 Por lo demás, hermanos, todo lo que es verdadero, todo lo honesto, todo lo justo, todo lo puro, todo lo amable, todo lo que es de buen nombre; si hay virtud alguna, si alguna alabanza, en esto pensad.

Segunda Entrada Del Primer Piso: Ojos.

Cristo, el originador de las nuevas cosmovisiones de la liberación, dijo lo siguiente:

Mateo 6:23 Pero **si tu ojo está malo**, todo tu cuerpo estará lleno de oscuridad. Así que, si la luz que hay en ti es oscuridad, ¡cuán grande será la oscuridad!

- ✓ Si el ojo es malo, el cuerpo del hombre templo que se supone debe de estar lleno de luz, está ahora comenzando a llenarse de oscuridad.

- ✓ Los ojos son una entrada que el enemigo intenta utilizar para moldear el pensamiento.

La Biblia llama también a los ojos: lámpara del cuerpo, tienen la capacidad de traer luz, verdad, iluminación y revelación.

✓ El mayor problema cuando se trata de los ojos, es la lujuria.

Sin la nueva cosmovisión de liberación, la gente pensaría que es un poco exagerado decir que un demonio puede habitar en los ojos de alguien, pero obsérvalo de nuevo:

1 Juan 2:16 (RVR 60) Porque todo lo que hay en el mundo, los deseos de la carne, los deseos de los ojos *(pasión, lujuria, lascivia)*, y la vanagloria de la vida, no proviene del Padre, sino del mundo.

La lujuria nunca se satisface, no tiene límites ni restricciones.

✓ La lujuria no puede ser domesticada o controlada, debe ser echada fuera.

✓ Lo contrario a eso será el potencial de la lujuria que estará presente mientras puedas verla.

Proverbios 27:20 El Seol y el Abadón nunca se sacian; tampoco se sacian los ojos del hombre.

1 Juan 2:16 Porque todo lo que hay en el mundo, los deseos de la carne, los deseos de los ojos, y la vanagloria de la vida, no proviene del Padre, sino del mundo. *(No dice, el deseo de la persona, si no el deseo de* *los ojos, dando a entender que los ojos tienen su propia lujuria porque ahí habita un espíritu inmundo).*

- ✓ La gente peca, pero un espíritu demoníaco que reside en una parte del cuerpo, puede magnificar el deseo de una persona hacia algo.

- ✓ Una persona que ha pasado muchos años mirando las cosas de mala manera, ha almacenado múltiples capas de lujuria en su memoria.

- ✓ Los ojos es la parte del cuerpo que con más frecuencia revela la presencia de actividad demoníaca.

- ✓ Además de la lujuria, otras manifestaciones de la actividad demoníaca en los ojos son la seducción, la mirada errante, la vanidad, el juicio, los celos, las falsas percepciones, adicción a la pornografía, el uso excesivo de las redes sociales.

La Liberación y Evicción De La Segunda Entrada: Los Ojos.

La liberación es la evicción de los espíritus o demonios que habitan en los ojos.

Primero reconocer:

Job 31:7 Si mi paso se ha apartado del camino, si mi corazón se ha ido tras mis ojos, y si alguna mancha se ha pegado en mis manos…

Segundo volver al pacto:

Hebreos 12:2 …puestos los ojos en Jesús, el autor y consumador de la fe, quien por el gozo puesto delante de Él soportó la cruz, menospreciando la vergüenza, y se ha sentado a la diestra del trono de Dios.

Tercero poner límites a los ojos:

Job 31:1 Hice un pacto con mis ojos, ¿cómo podía entonces mirar a una virgen?

Job 31:14 ¿qué haré cuando Dios se levante? Y cuando Él me pida cuentas, ¿qué le responderé?

Tercera Entrada Del Primer Piso: Oídos.

El reino de las tinieblas reconoce, que Dios reiteradamente manda a oír lo que Su Espíritu dice, de tal manera que es más importante oír, que ver a Dios.

Marcos 9:25 Cuando Jesús vio que se agolpaba una multitud, reprendió al espíritu inmundo, diciéndole: Espíritu mudo y sordo, yo te ordeno: Sal de él y no vuelvas a entrar en él.

- ✓ Habitando en el oído, pueden hacer que una persona sea sorda e incapaz de discernir la voz de Dios.

- ✓ Sin la capacidad de escuchar la voz de Dios, serás incapaz de responder adecuadamente a lo que El te habla.

Por esa razón es que espíritus inmundos o demonios, saben que el oído es una entrada, de tal manera que buscan hacer de eso una habitación para ellos y poder así manipular todo lo que entra como información.

Por ejemplo:

1 Corintios 14:8 Porque si la trompeta da un sonido incierto, ¿quién se preparará para la batalla? *(No poder escuchar implica no estar preparado para la batalla)*

Hebreos 3:7 Por lo cual, como dice el Espíritu Santo: SI OÍS HOY SU VOZ, 8 NO ENDUREZCÁIS VUESTROS CORAZONES, COMO EN LA PROVOCACIÓN, COMO EN EL DÍA DE LA PRUEBA EN EL DESIERTO…

Jesús tocó el punto del oír como un misterio del reino en la siguiente cita:

Mateo 13:19-23 A todo el que oye la palabra del reino y no la entiende, el maligno viene y arrebata lo que fue sembrado en su corazón. Este es aquel en quien se sembró la semilla junto al camino. **20** Y aquel en quien se sembró la semilla en pedregales, este es el que **oye la palabra** y enseguida la recibe con gozo; **21** pero no tiene raíz profunda en sí mismo, sino que solo es temporal, y cuando por causa de la palabra viene la aflicción o la persecución, enseguida tropieza y cae. **22** Y aquel en quien se sembró la semilla entre espinos, este es el que **oye la palabra**, mas las preocupaciones del mundo y el engaño de las riquezas ahogan la palabra, y se queda sin fruto. **23** Pero aquel en quien se sembró la semilla en tierra buena, este es el que **oye la palabra y la entiende**, este sí da fruto y produce, uno a ciento, otro a sesenta y otro a treinta.

Esta base bíblica te está refiriendo a que el reino de las tinieblas intentará atacar la capacidad de oír, buscando habitar en el oído para manipular la información o para impedir que se discierna la voz de Dios.

- ✓ Los espíritus inmundos y demonios trataran de bloquear nuestros oídos.

- ✓ Tratarán de bloquear la entrada del sonido de la palabra de Dios, del consejo, de la profecía, de la exhortación, etc.

La Liberación y Evicción De La Tercera Entrada: Los Oídos.

Lucas 11:20 Pero si yo por el dedo de Dios echo fuera los demonios, entonces el reino de Dios ha llegado a vosotros.

Marcos 7:33-34 Entonces Jesús, tomándolo aparte de la multitud, a solas, le metió los dedos en los oídos, y escupiendo, le tocó la lengua con la saliva; ³⁴ y levantando los ojos al cielo, suspiró profundamente y le dijo: ¡Effatá!, esto es: ¡Abrete!

Para que se cumpla esta verdad y necesidad en el creyente, está este versículo:

Mateo 11:15 El que tiene oídos, que oiga.

Cuarta Entrada Del Primer Piso: Nariz.

La Biblia tiene mucho qué decir acerca de la nariz y las fosas nasales.

Primero: bíblicamente porque una ley de la primera mención es un conducto para la actividad espiritual.

Génesis 2:7 Entonces el SEÑOR Dios formó al hombre del polvo de la tierra, **y sopló en su nariz el aliento de vida**; y fue el hombre un ser viviente.

- ✓ Este texto es la base principal para ver la nariz como una puerta para que los espíritus inmundos viajen de un lado a otro en el templo humano.

- ✓ Los espíritus inmundos y demonios pueden usar la nariz como puerta para entrar al cuerpo.

- ✓ En la Biblia, la palabra griega traducida como **espíritu** es sinónimo de **aliento.**

- ✓ Los espíritus demoníacos pueden viajar dentro y fuera del cuerpo a través de la respiración.

- ✓ En la dimensión de la liberación, inhalar y exhalar pueden ser usados en las estrategias de liberación.

La Liberación y Evicción De La Cuarta Entrada: La Nariz.

En la Biblia sólo encuentras un versículo en el que se utiliza la palabra estornudo, es cuando el Profeta Eliseo resucitó al hijo de la mujer sunamita de entre los muertos. Cuando el niño volvió a la vida, estornudó siete veces.

2 Reyes 4:34-35 Entonces subió y se acostó sobre el niño, y puso la boca sobre su boca, los ojos sobre sus ojos y las manos sobre sus manos, y se tendió sobre él; y la carne del niño entró en calor. ³⁵ Entonces Eliseo volvió y caminó por la casa de un lado para otro, y subió y se tendió sobre él; **y el niño estornudó** siete veces y abrió sus ojos.

- ✓ En la naturaleza el estornudo es una forma en que el cuerpo elimina la materia extraña, lo mismo sucede en el espíritu.

- ✓ En está historia el joven fue liberado del espíritu de muerte junto con los otros espíritus asociados.

Ejemplo positivo:

Jesús exhala Su espíritu por la nariz.

Con eso puedes ver el ejemplo de un espíritu siendo liberado a través de la exhalación en el Calvario.

Mateo 27:50 Entonces Jesús, clamando otra vez a gran voz, exhaló el espíritu.

Otra versión de la Biblia lo dice de diferente manera:

Mateo 27:50 Una vez más Iehoshúa gritó a gran voz y envió su neshamá a su Padre.

Por supuesto, Jesús no estaba liberando un demonio, pero los demonios pueden salir de una persona de la misma manera.

- ✓ La exhalación es una herramienta poderosa que puede ser usada durante el proceso de liberación.

La inhalación y exhalación de la siguiente manera:

- ✓ Inhalar: el acto de recibir.

- ✓ Exhalar: el acto de liberar o expulsar.

AUTOEVALUACIÓN
Clase #2 primer nivel básico.
Tema: La Anatomía de La Liberación.

Introducción
La temática de la anatomía de la liberación está enfocada en la explicación bíblica de los lugares que los espíritus y demonios pueden ocupar en el ser tripartito con su respectiva aclaración entre un creyente en Cristo y un inconverso.

Esta autoevaluación está elaborada para poner a prueba tu capacidad de asimilación de esta clase específicamente.

Tienes 10 preguntas en total, por favor lee cuidadosamente cada pregunta para poder responder con una "x" en la respuesta correcta.

✓ Hablar de la anatomía de la liberación significa, que los espíritus y demonios pueden habitar en el creyente que abrió la puerta y pueden invadirlo en:

Respuesta 1: Solo en el cuerpo.___

Respuesta 2: Solo en el alma.___

Respuesta 3: En el alma y cuerpo.___

- ✓ **¿En este capítulo se enseñó que hay algunas clases de espíritus inmundos que buscan reposo, que significa eso?**

Respuesta 1: Que están cansados.___

Respuesta 2: Pasar desapercibidos a la siguiente generación sin ser detectados.___

Respuesta 3: Para agarrar más fuerza y poder atacar de nuevo.___

- ✓ **¿Entre espíritus inmundos y demonios hay diferencia en poder?**

Respuesta 1: Es más poderoso un espíritu inmundo.___

Respuesta 2: Es más poderoso un demonio.___

Respuesta 3: Tienen ambos el mismo poder.___

- ✓ **En este capítulo se enseñó que fuimos creados por Dios para ser templo** según Pablo, y según el libro de Ezequiel hay habitaciones que pueden ser habitadas por espíritus o demonios; ¿recuerda cuántos son?:

Respuesta 1: 6826 habitaciones.___

Respuesta 2: 7 habitaciones.___

Respuesta 3: 90 habitaciones.___

- ✓ Según el libro de Ezequiel el templo(cuerpo) tiene puertas, ¿cuáles son las puertas del cuerpo?

Respuesta 1: Los 5 sentidos.___

Respuesta 2: Los pies nada más.___

Respuesta 3: Entran por el pelo nada más.___

- ✓ ¿Cuál es el pecado que según la biblia contamina más el cuerpo y abre la puerta a la destrucción?:

Respuesta 1: La fornicación.___

Respuesta 2: Las adicciones.___

Respuesta 3: Vivir sin bañarse.___

- ✓ **¿En una relación sexual ilícita se corre el peligro solamente de sufrir alguna de los siguientes males?:**

Respuesta 1: Solo de una enfermedad venérea.___

Respuesta 2: De un embarazo si no se tiene cuidado.___

Respuesta 3: De transferencia de espíritus de un cuerpo a otro.___

- ✓ **El adulterio, la fornicación, o cualquier otra práctica sexual ilícita requiere ser atendido en:**

Respuesta 1: En terapia psicológica:___

Respuesta 2: Tratamiento médico para aminorar con medicina el deseo sexual ilícito.___

Respuesta 3: En liberación.___

- ✓ **¿El adulterio contamina con espíritus inmundos solamente al que cometió el pecado o al conyugue también?**

Respuesta 1: Solo a él o la que peca adulterando se contamina.___

Respuesta 2: Solo a la persona con la que se pecó adulterando se contamina.___

Respuesta 3: El conyugue también va a ser contaminado(a) con el adulterio de su esposo(a).___

- ✓ **¿El adulterio es una iniquidad heredada ancestralmente que requiere romperse si o no?:**

Respuesta 1: Sí, es una herencia de iniquidad, que sé debe romper.___

Respuesta 2: No, no es una herencia de iniquidad, y no requiere liberación solo moderación de la conducta.___

Respuesta 3: No hay que preocuparse porque se debilitará con los años.___

Los Conceptos de Liberación

(Diferentes nombres de liberación)

Capítulo 3

El capítulo que desarrollaré, comienza con explicar que en la liberación y en guerra espiritual existen varios conceptos que definen el modus operandi que usan los espíritus inmundos y demonios, para hacerte una idea, es como en lo militar, un general conoce los diferentes nombres de los niveles de la guerra, siendo así es como podrías saber contra quién vas a batallar, a quién te encontrarás en el campo de batalla en la liberación de una persona, de tal manera que podrás discernir el estado en el que quedará esa persona, según el concepto que puedas discernir por el nombre de la potestad contra quien librarás la batalla.

Debes saber que no puedes discernir solamente por el don de discernimiento de espíritus que Dios entrega, sino que también debes hacerlo a través del conocimiento y sabiduría, diría entonces que ambos son necesarios y que hacen sinergia, por lo cual es necesario que puedas aplicarlos juntos, además que la Biblia también los menciona.

Las 7 Guerras

Para poderme dar a entender, describiré las 7 guerras:

✓ La guerra de las armas.
Destrucción de armas, fuerza y municiones.

✓ La guerra de estratagemas.
Maniobra táctica antes que estratégica.

✓ La guerra psicológica.
Aniquilar, controlar o asimilar al enemigo.

✓ La guerra de la desinformación.
Manipulación informativa.

✓ La guerra de desgaste.
El vencedor es el que resiste más en pie.

✓ La guerra de posición / trinchera.
Mantienen líneas estáticas de fortificaciones.

✓ La guerra asimétrica.
Desproporción entre las fuerzas militares.

De igual manera como se desenvuelven las guerras naturales en el campo militar, así mismo es el modus operandi con que se desarrollan en lo espiritual.

Efesios 6:11 Revestíos con toda la armadura de Dios para que podáis estar firmes contra las **insidias** del diablo.

Este es el versículo base que usaré para este capítulo, de manera que cuando lo lees, puedes notar que empieza diciendo que debes ser revestido con toda la armadura de Dios, eso significa que sobre cualquier atuendo que puedas llevar identificándote, debes saber que habrá un tiempo donde es requerido que estés revestido con la armadura de Dios porque es de esa manera como podrás estar firme, no solamente espiritual sino también en lo práctico.

Revestirse con la armadura de Dios implica estar muy bien equipado o armado. La enseñanza de hoy es eso lo que cumplirá, es decir, te armará en el conocimiento de los conceptos de liberación para ser eficaz, porque la preparación puede ser comparada a la de un cadete de escuela militar.

Por supuesto que siempre habrá alguien que le parezca extraño todo este equipamiento porque hace 40 años o más, no era eso lo que se enseñaba; quizá porque el enemigo tampoco estaba incursionando como lo hace hoy porque en la medida que te acercas a la meta del supremo llamamiento de parte de Dios; el adversario está haciendo que entren a los escenarios de las confrontaciones, entidades que

Los Conceptos de Liberación

quizá nunca se mencionaron hace muchos años; no se conocía el hecho de batallar contra entidades híbridas de las cuales gracias a Dios hoy se tiene ese conocimiento para poder batallar en el nombre de Jesús.

Pero entonces tienes el conocimiento porque la Biblia lo revela, sino porque, así como es posible la manipulación genética en lo físico, en lo natural, lo cual debe llevarte a comprender que, si es posible hacerlo en el plano físico, es porque existe en el plano espiritual. Recuerda que lo visible fue hecho de lo invisible, entonces no puede haber nada visible que sugiera que haya surgido de forma espontánea, sino que tiene una fuerte incidencia espiritual. De manera que eso puede llevarte a comprender el hecho que hoy existen entidades de las tinieblas de categoría híbridas, pero también hay conocimiento de cómo contrarrestarlas.

Por eso debes tener consciencia que toda esta preparación no es burda, no es para llenar un espacio o porque alguien se lo haya inventado, sino que, estás ante la realidad del mundo espiritual, específicamente batallando contra el reino de las tinieblas y debes salir a la batalla debidamente equipado, de otra manera te enfrentarás a entidades que te tendrán a su merced porque podrán notar que no tienes el conocimiento necesario para batallar, notarán que vas con miedo porque no sabes lo que te saldrá al encuentro con toda la intención de destruirte. Pero si eres un guerrero espiritual de parte de Dios que constantemente está equipándose, sabiendo que las tinieblas también están incursionando en cosas nuevas; podrás utilizar las armas de luz con la debida destreza y en el nombre de Jesús, saldrás a la batalla pero volverás vencedor.

La Armadura De Dios

No es un uniforme que hará solamente que te veas elegante, sino que, cada parte tiene un propósito:

✓ **Yelmo de la salvación.**
Es el que te protege la mentalidad que ahora tienes de parte de Dios.

✓ **Coraza de justicia.**
Te protege de la vulnerabilidad, debilidad y la justicia en base a tu sinceridad.

✓ **Cinto de la verdad.**
Guarda la integridad de tu vida para sostenerte al igual que las armas que te defienden.

✓ **Calzado de la paz.**

Te lleva por el camino que Dios ha ordenado en tu vida.

✓ **Escudo de la fe.**
Te ayuda a los encuentros negativos y poder apagar los dardos encendidos del maligno.

✓ **Espada del Espíritu.**
Es la abundancia de palabra de Dios defensiva y ofensiva que incluye, rhemas, decretos para poder reprender al enemigo.

✓ **La jabalina.**
Es el vocabulario celestial como las oraciones, clamor, gemido, intercesión, apelaciones; cada una de las 5 facetas que incluye la jabalina, es diferente una de la otra.

El cadete es el primer grado otorgado al miembro de una institución militarizada, que adoptan la disciplina, con lo cual adquiere los mismos derechos y obligaciones que los miembros con rango, desde poder vestir el uniforme completo, hasta adquirir responsabilidades superiores mediante ascensos. El cadete se considera sujeto al intensivo adiestramiento.

Diferencia Entre Soldado Y Cadete:

✓ EL soldado es reclutado para 2 años de servicio forzado; cumple y vuelve a su vida secular.

✓ El cadete que estudia una carrera militar, se retira hasta después de haber pasado un tiempo de llegar al rango mayor, hasta que llega su edad de retiro, pero vive en disciplina toda su vida.

Por eso debes saber que la escuela de guerra espiritual en la que estás siendo equipado, no es solamente para aprender decretos, esta escuela es para cristianos, hijos de Dios con el compromiso de servirle a El toda la vida y seguramente cuando salgamos de esta dimensión, seguiremos sirviéndole porque Dios es Varón de guerra **(Éxodo 15:3 RV),** Jehová de los ejércitos dice la Biblia en varios versículos.

La Importancia De Ser Capacitados

Jueces 3:1-3 (LBA) Y éstas son las naciones que el SEÑOR dejó para probar con ellas a Israel, es decir, a los que no habían experimentado ninguna de las guerras de Canaán ² (esto fue sólo para que las generaciones de los hijos de Israel conocieran la guerra, aquellos que antes no la habían experimentado) ³ los cinco príncipes de los filisteos, todos los cananeos, los sidonios y los heveos que habitaban en el monte Líbano, desde el monte de Baal-hermón hasta Lebo-hamat.

Este conocimiento ayudará a no ir a las batallas en ignorancia y evitará lo menos posible de ser víctimas de ataques de contra golpe del enemigo, porque como puedes ver en esta cita; Dios permite que existan tiempos para que Su pueblo se prepare antes de que vayan a la batalla.

Principio En Guerra Espiritual

✓ Nunca hagas la guerra espiritual sólo por impartición y sin entrenamiento. Posiblemente haya imparticiones en otras áreas dentro del mundo espiritual de parte de Dios; pero la impartición acerca de guerra espiritual; no puedo aconsejar que se haga.

✓ El reino de las tinieblas no responde a cualquier autoridad, sino a la de mayor jerarquía porque tiene conocimiento de los niveles de autoridad los cuales, como ya lo he enseñado oportunamente, Satanás tiene conocimiento y los asigna dentro de su séquito de servidores, entidades de las tinieblas.

✓ Debes tener presente que no todas las personas tienen autoridad para pelear con niveles de principados o gobernadores.

✓ La falta de reconocimiento de la medida de unción y delegación, produce efectos negativos contrarios.

✓ En el equipamiento que puedas recibir, alcanzarás mayor sabiduría, mayor poder, mayor revelación, mayor autoridad, etc.

El Apóstol Pablo tomó la figura del soldado romano para explicar la revelación de cómo Dios viste a Sus guerreros espirituales que enviará a la batalla. En el tiempo del Apóstol Pablo, habían soldados romanos y gladiadores, de los cuales obtuvo la enseñanza práctica por lo que estaba viendo; notando que los gladiadores habían aprendido en base al riesgo de su propia vida, mientras que el soldado romano asistía a lo que era conocido como la palestra, palabra que significa, escuela de lucha; porque el objetivo de los soldados romanos era servir en el ejército para proteger los intereses del imperio romano, al grado que tenían la mentalidad que salían a la guerra y que volverían victoriosos porque por eso tenían el entrenamiento adecuado.

Hoy tienes la oportunidad de ser equipado para ser parte del ejército de Jehová de los ejércitos y establecer el reino de Dios y así anular entonces los efectos negativos del reino de las tinieblas.

Por esa razón es que, uno de los pasajes que me llama mucho la atención y que me permitirá valorar la importancia del entrenamiento, es Efesios 6:12 en la versión de la Biblia Amplificada porque me permite ver que las entidades contra las que batallo, no son principiantes en lo que están haciendo porque no hay espíritus inmundos ni demonios principiantes, todos son expertos en maldad.

Efesios 6:12 (Amplificada) Porque no luchamos con carne y sangre (contendiendo solamente con oponentes físicos), pero contra los despotismos, contra los poderes, contra **(los espíritus que son maestros o expertos)** los gobernantes mundiales de esta oscuridad presente, contra las fuerzas espirituales de maldad en la esfera celestial (sobrenatural).

- ✓ Esta versión de la Biblia permite ver que el mundo espiritual de las tinieblas tiene maestros o expertos en leyes, principios y estrategias de guerra espiritual.

- ✓ El factor ignorancia es la base de la derrota en las batallas.

✓ El mundo espiritual es muy exigente a las leyes jurídicas, es decir, se rige por el régimen jurídico de los derechos espirituales.

2 Corintios 2:11 (VMP) ...a fin de que Satanás no gane ventaja alguna sobre nosotros; **porque no estamos ignorantes de sus ardides.**

✓ Cuando batallas contra fuerzas espirituales de maldad, debes saber que hay dimensiones y capas que debes ir venciendo.

✓ También hay principios de la efectividad donde Satanás tomará ventaja si tú ignoras cómo se rigen las leyes espirituales.

✓ Existe el derecho al poder exógeno, lo cual es todo aquello que Dios te provee para ponerlas en determinado momento de liberación. Ese poder exógeno son las ayudas que vienen de parte de Dios como son las unciones, decretos, revelaciones, autoridad, conocimiento, etc., de manera que cuando lo pones en práctica, alcanzas una efectividad extraordinaria.

Con esto puedes ver entonces la importancia de toda esta preparación porque a veces encontrarás mucha resistencia y se puede prolongar la batalla porque ese espíritu está abrazando una ley espiritual que la aplica a su conveniencia para no abandonar la vida de aquella persona porque sigue presentando ese derecho en la corte celestial porque tiene el derecho de resistir contra el guerrero de parte de Dios, porque aquella persona sigue ocultando algo.

La Frase: Guerra Espiritual

Ahora bien, lo que te corresponde entonces es conocer la razón por la cual la confrontación de poderes toma en determinado momento de la historia de la Iglesia, del surgimiento de siervos de Dios con conocimiento de guerra espiritual, surge el término, **guerra espiritual**. Hay gente que dice que la guerra espiritual no está en la Biblia, pero se puede ver tácitamente cuando dice la Biblia que nuestra guerra no es contra carne y sangre; implícitamente está diciendo que esa guerra está en otro nivel lo cual, si no es guerra física, tiene que ser guerra espiritual.

Sin embargo, como todo tiene un tiempo para cierta revelación y también es por eso que he estado enseñando acerca de la cosmovisión fresca y actualizada; debes saber entonces que, Jesús también lo enseñó, el Apóstol Pablo enseñó a ese respecto; la cosmovisión actualizada es tener esa percepción precisa según el tiempo que se está viviendo; pero con el transcurrir del tiempo, por razones que el pecado ha aumentado, hay incursiones de entidades que están reservadas para ciertos tiempos y también porque hoy es más fácil que la gente caiga en pecado, todo eso ha hecho que la estrategia del adversario varíe; el pecado quizá sea el mismo pero la estrategia varía y aún los personajes que entrarán al escenario de las confrontaciones; por eso es necesario que haya una cosmovisión actualizada la cual se convierte en una sinergia de cosmovisiones porque no es que la antigua ya haya dejado de funcionar, sino que, la anterior sirve como base para la actual.

¿Por Qué Se Llama Guerra Espiritual?

Quizá pueda verse una respuesta lógica, sin embargo es necesario tener el concepto claro:

- ✓ Porque está relacionada con Satanás.
- ✓ Porque peleas con espíritus inmundos o demonios.
- ✓ Porque son fuerzas invisibles que se oponen.

Cada una de estas respuestas tienen mucha razón, sin embargo no es la principal, porque realmente lo que existe es un objetivo que tiene Satanás y que debes contrarrestarlo; el objetivo lo describiré más adelante; antes es necesario conocer que conforma ese objetivo, y existen 3 géneros de entidades y cada uno tiene su propio origen, tiempo, etc., de ahí que también pueden haber rangos o niveles de autoridad porque cada género tiene su propia estructura.

Género y Tiempos De 3 Entidades

La palabra género, fue usada por Jesús:

Mateo 17:21 Pero este **género** no sale sino por oración y ayuno.

Por supuesto que al decir que específicamente había un género que demandaba cierta estrategia para su expulsión, es porque existía otro género que no lo demandaba. Eso me deja ver que el nivel inferior de la estructura militar del reino de las tinieblas son huestes de maldad, las cuales son espíritus que no requieren de mayor estrategia para poderlos confrontar; dicho en otras palabras, si estás en Cristo, tienes autoridad para esa confrontación. Dicho en otras palabras, hay huestes que solamente con pronunciar la frase: **...te reprendo en el nombre de Jesús...** son echadas fuera de una persona, pero existen otras que requieren de algo mucho más fuerte o con más estrategia como lo dice **Mateo 17:21**.

Las Entidades De

3 Tiempos Diferentes

PRIMER TIEMPO
Mundo angelical – ángeles caídos
Génesis 1 Eternidad pasada
Mundo luzbeliano

En Génesis 1 Dios creó los cielos y después la Tierra, no puedo determinar cuánto tiempo pasó entre la creación de los cielos y la creación de la Tierra; primero fue la creación celestial y después la terrenal. Por eso, cuando ves que dice que la Tierra estaba desordenada y vacía, es porque existe otro período de tiempo donde hubo entidades que ocuparon la Tierra; hubo una rebelión lo que dio lugar que estuviera desordenada y vacía; con lo cual hoy se puede comprender que fue por un juicio angelical que existió y por lo cual quitó su gobierno a los ángeles como lo deja ver este versículo:

Hebreos 2:5 (RVG) Porque no sujetó a los ángeles el mundo venidero, del cual hablamos...

Esto deja ver que hubo un tiempo en el cual sujetó el mundo a los ángeles, ellos estaban a cargo como se puede vislumbrar en este versículo:

Ezequiel 28:14 Tú, querubín protector de alas desplegadas, yo te puse allí. Estabas en el santo monte de Dios, andabas en medio de las piedras de fuego.

Estos 2 versículos me permiten tener la panorámica que estoy describiendo y que desde ese tiempo vienen los ángeles caídos y otras rebeliones que se han manifestado hasta el día de hoy sumándose al género de ángeles caídos.

SEGUNDO TIEMPO
Mundo humano
Génesis 1:26
Género humano

Para este tiempo hubo una contaminación de humanoides y Dios envió un juicio quitándoles el cuerpo a esa creación descrita en **Génesis 1:26,** es de aquí de donde vienen los demonios. Hay gente que asegura que los demonios son los mismos ángeles caídos lo cual no es así, porque no hay referencia bíblica que lo apuntale. Los ángeles caídos son un género diferente, los demonios es otra creación caída.

Hablando de ángeles caídos, su prioridad no es la de vivir dentro de un cuerpo, por eso es un error pronunciar en medio de una liberación, que alguien tiene un ángel caído que está estorbando a una persona, porque no es bíblico; de manera que alguien que esté pretendiendo hacer una liberación echando fuera un ángel caído, automáticamente está diciéndole al demonio que ocupa aquel cuerpo, que esa persona no conoce de liberación y eso mismo le servirá a ese demonio para resistir y engañar a la persona que está pretendiendo liberar a otro. Por supuesto que un ángel caído puede entrar en un cuerpo, pero no es su meta.

TERCER TIEMPO
Mundo adámico
Génesis 2:7
Adam: raza humana

Este es el momento cuando Dios formó al hombre de la tierra, la cual se ha expandido hasta el día de hoy, llegó el diluvio y solamente Noé y su familia fueron salvos y los que murieron en aquel entonces, quedaron en calidad de espíritus inmundos. Según los estudiosos dicen que para el tiempo en que fue el diluvio, ya había alcanzado la raza humana, 7,0 mil millones de seres humanos sobre la Tierra y que solamente Noé y su familia se salvaron.

1 Pedro 3:19-20 En el cual también fué y predicó á los espíritus encarcelados ; [20] Los cuales en otro tiempo fueron desobedientes, cuando una vez esperaba la paciencia de Dios en los días de Noé, cuando se aparejaba el arca; en la cual

Los Conceptos de Liberación

pocas, es á saber, ocho personas fueron salvas por agua.

Partiendo de aquí puedo saber entonces cuál es el objetivo de un ángel caído, cual es el objetivo de un demonio y de un ángel caído. El espíritu inmundo busca cuerpo porque lo perdió en el diluvio al rebelarse contra Dios. Un demonio que ataca un cuerpo es porque lo quiere destruir, en forma de venganza; no busca permanecer por mucho tiempo en un cuerpo, sino que, podrían destruirlo mucho antes del tiempo de los 70 años o de los 80 años que es el tiempo límite según la Biblia.

Una vez que he expuesto la diferencia entre ángel caído, espíritu inmundo y demonio, ahora puedo exponer lo siguiente: **la guerra espiritual tiene como propósito afectar el espíritu del hombre**, sea inconverso o con mayor razón si es cristiano.

- ✓ La meta final de la guerra espiritual es el espíritu humano.

- ✓ Empezando por el cuerpo, siguiendo por el alma hasta llegar a la meta que es el espíritu humano.

Un inconverso batalla más contra las tinieblas y estas logran afectarlo más fácilmente porque no tiene pacto con Dios, mientras que el cristiano tiene pacto con Dios, le pertenece a Dios y es ahí donde Satanás tiene más batalla para pretender llegar al espíritu de alguien que ya le abrió la puerta de su corazón a Jesús.

Por eso es importante que un cristiano tenga su debido proceso de descontaminación del mundo, de sanidad interior y liberación del mundo para quitar todo aquello que su vida pasada le haya dejado, con el propósito de quitar todo tipo de derechos que aquella persona haya cedido a las tinieblas. Recuerda, el propósito de Satanás no es solamente afectar un cuerpo o llegar hasta el alma, su meta final es la destrucción del espíritu humano.

Por eso es de suma importancia el hecho de vivir en santidad en espíritu, alma y cuerpo:

2 Corintios 7:1 Por tanto, amados, teniendo estas promesas, limpiémonos de toda inmundicia de la carne y **del espíritu**, perfeccionando la santidad en el temor de Dios.

1 Tesalonicenses 5:23 Y que el mismo Dios de paz os santifique por completo; y que todo vuestro ser, **espíritu, alma y cuerpo,** sea preservado irreprensible para la venida de nuestro Señor Jesucristo.

Un punto muy importante es que la unión del cuerpo con el alma, en griego recibe el nombre de **SARX** lo cual se traduce como carne. Pero entonces el punto es que debes conservarte en santidad, de otra manera habrá problemas en tu vida porque esa es la razón de la guerra espiritual, que tu espíritu humano esté contaminado y que el adversario tenga el argumento legal para poder decir que tiene derecho para la batalla contra la vida de un cristiano.

El Campo De La Batalla

Muchos dicen que la verdadera batalla está en la mente:

- ✓ La verdadera batalla es en la mente.

- ✓ El campo de la batalla es la mente.

- ✓ El campo de batalla son los pensamientos.

- ✓ Las fortalezas son mentales.

Es verdad pero solo es un campo, la verdadera idea es afectar el espíritu humano; la mente solamente es un medio para llegar al espíritu. Sin embargo debes saber que el núcleo de la batalla en la mente es llegar al hemisferio derecho donde está la imaginación, porque podría decir que es ahí donde se fragua el final de la batalla a favor o en contra de la persona. Si Satanás logra plasmar en la imaginación de aquella persona, una imagen que logre derrotar a esa persona, entonces Satanás habrá ganado, pero si el cristiano logra derribar esa imaginación pecaminosa, entonces el cristiano ganará la batalla en el nombre de Jesús.

Este libro conlleva los principios de guerra espiritual lo cual es el segundo tomo que Dios me permite presentarte, pero dentro de los libros que he escrito, hay uno que titulé: **La Cartografía Espiritual de Las Batallas en La Mente**, en el cual describo a detalle muchas cosas, precisamente referente a la mente.

El Diseño De La Guerra Espiritual

Ahora bien, aunque la guerra espiritual, sea precisamente espiritual, también debes saber que lleva una parte práctica la cual en determinado momento llega un grado de sufrimiento cuando el espíritu humano está siendo atacado. Observa los siguientes puntos que están enfocados en esa parte de sufrimiento que lleva el espíritu humano:

✓ Impactarte espiritualmente.

- ✓ Diseñada a distraer el espíritu.
- ✓ Diseñada para contrarrestar el espíritu
- ✓ Diseñado para anular o neutralizar el espíritu.

Para que el espíritu de un cristiano no sea destruido, la Biblia dice lo siguiente:

1 Corintios 5:5 ...entregad a ese tal a Satanás para la destrucción de su carne, a fin de que su espíritu sea salvo en el día del Señor Jesús.

1 Timoteo 1:20 Entre los cuales están Himeneo y Alejandro, a quienes he entregado a Satanás, para que aprendan a no blasfemar.

Nota la estrategia de hacer la entrega de una persona a Satanás:

- ✓ Para que el espíritu se salve.
- ✓ Para que ya no blasfemen.

Por supuesto que a este nivel de lo que estás aprendiendo, has podido ver que el espíritu humano, se puede contaminar, lo cual es la meta de Satanás en la guerra espiritual. La guerra espiritual no es solamente porque se pelea contra Satanás, la verdadera razón de ese nombre es porque es una guerra cuya meta del reino de las tinieblas es recapturar el espíritu humano de una persona.

La Guerra Espiritual Al Espíritu

OCULTISMO

¿Qué cosas son las que contaminan el espíritu humano?, en forma general puedo decir que es el ocultismo.

Deuteronomio 18:10-12 (R60) No sea hallado en ti quien haga pasar a su hijo o a su hija por el fuego, ni quien practique adivinación, ni agorero, ni sortílego, ni hechicero, [11] ni encantador, ni adivino, ni mago, ni quien consulte a los muertos. [12] Porque es abominación para con Jehová cualquiera que hace estas cosas, y por estas abominaciones Jehová tu Dios echa estas naciones de delante de ti.

En esta cita puedes ver claramente cómo le desagrada a Dios la práctica del ocultismo, dentro de lo cual puedo citar lo siguiente:

- ✓ Adivinación
- ✓ Encantamientos
- ✓ Brujería
- ✓ Hechicería
- ✓ Paganismo
- ✓ Magia
- ✓ Espiritismo
- ✓ Satanismo

Todo esto viene a ser como los tentáculos del ocultismo lo cual no parecería lógico, cuando Dios le escribió esas leyes al pueblo de Israel antes de entrar a poseer la tierra. Recuerda que una ley se emite porque existen los considerandos; dicho en otras palabras, considerando que la tierra a la que iban a entrar hay una esfera de ocultismo, entonces se emitió la ley para que no cayeran en eso. Tristemente dentro de la cristiandad hay gente que aún practica ese tipo de cosas, al punto que cuando las tinieblas empiezan a cobrar terreno en la vida de algunos, me han buscado para volver a ser libres. Lo más terrible es que hay cristianos que buscan el mal pretendiendo despojarse de otros males que traían cuando andaban en el mundo; teniéndole más fe a las tinieblas, que al poder del Espíritu Santo.

IDOLATRÍA

Otra de las formas como se puede contaminar el espíritu humano, es a través de la idolatría:

1 Corintios 10:14 (R60) Por tanto, amados míos, huid de la idolatría.

Hay gente que piensa que dejó la idolatría burda que practicó cuando estaba en el mundo; pero realmente la idolatría va más allá de todo aquello que posiblemente haya quedado en el pasado, aunque quizá no del todo porque entonces puedo decir que la idolatría también tiene tentáculos en cualquiera de sus diferentes formas:

- ✓ Religiosa / Imágenes.
- ✓ Sentimental / hijos, esposo (a), familia en general.
- ✓ Material / bienes materiales.
- ✓ Espiritual / entidades espirituales como ángeles, etc.
- ✓ Institucional / organizaciones religiosas, educativas, etc.
- ✓ Egolatría / buscan la admiración solamente para sí mismos.

SEXO ILÍCITO

El sexo ilícito también es algo que contamina el espíritu humano:

1 Corintios 6:18 (R60) Huid de la fornicación. Cualquier otro pecado que el hombre cometa, está fuera del cuerpo; mas el que fornica, contra su propio cuerpo peca.

- ✓ Adulterio
- ✓ Fornicación
- ✓ Homosexualismo
- ✓ Autosatisfacción
- ✓ Bestialismo

✓ Incubo y súcubo

Ahora puedes ver la razón por la cual existen muchas bases bíblicas sobre las cuales eres advertido de cuidar la esfera espiritual porque el espíritu humano se debilitará o se volverá vulnerable en la base de no permitir que el Espíritu Santo ejerza sobre tu vida el poder de protección. Una persona que contamina su espíritu humano es porque ha descuidado la influencia del poder del Espíritu Santo sobre su vida.

Si deseas verdaderamente que el Espíritu Santo esté manifestando Su poder en tu vida, debes cuidarte de lo siguiente:

1.- Apagar al Espíritu Santo
(1 Tesalonicenses 5:19) No apaguéis al Espíritu

✓ Apagar (griego significa extinguir, literal o figurativamente apagar).

2.- Contristar al Espíritu Santo
Efesios 4:30 y no contristéis al Espíritu Santo de Dios, con el cual fuisteis sellados para el día de la redención.

✓ Contristar (griego lupéo significa afligir, estar triste, angustiar, causar tristeza, molestia, dolor).

3.- Mentir al Espíritu Santo
Hechos 5:3 Pedro dijo: Ananías, ¿por qué ha llenado Satanás tu corazón para mentir al Espíritu Santo, y sustraer parte del precio del terreno?

✓ Mentir (griego pseudomai que significa pronunciar una falsedad o intentar engañar mediante falsedad, mentir)

4.- Tentar al Espíritu Santo
Hechos 5:9 Entonces Pedro le dijo: ¿por qué os pusisteis de acuerdo para tentar al Espíritu del Señor?...

✓ Tentar (griego peirázo que significa incitar, provocación, examinar, tentar).

5.- Resistir al Espíritu Santo
Hechos 7:51 ¡Duros de cerviz e incircuncisos de corazón y de oídos! Vosotros resistís siempre al Espíritu Santo; como vuestros padres, así también vosotros.

✓ Resistir (griego Antipipto que significa oponerse, resistir).

6.- Blasfemar contra el Espíritu Santo
Marcos 3:29 ...pero cualquiera que blasfeme contra el Espíritu Santo no tiene jamás perdón, sino que es culpable de pecado eterno.

Con esto puedes ver que hay recomendaciones bíblicas para no afectar al Espíritu Santo y que la influencia de Su protección deje de serte favorable a causa de haber descuidado la operación de Dios sobre ti.

Los Conceptos De Liberación

En liberación y en guerra espiritual existe varios conceptos:

✓ **Opresión espiritual.**
Ataques desde afuera hacia dentro.

✓ **Depresión espiritual.**
Control desde adentro hacia afuera, a su entorno, a sus bienes, posesiones, etc.

✓ **Posesión demoníaca.**
Control completo en 3 partes del ser integral: espíritu, alma y cuerpo.

✓ **Endemoniado.**

En un cristiano: se manifiesta en el alma y en el cuerpo no en el espíritu, a menos que el adversario haya logrado desarrollar toda la estrategia y logró afectar el espíritu y se convierte entonces en una posesión.

✓ **Satanización.**

Es un proceso con sistemas de dominación, de poder y manipulación a la esfera almática de una persona o creyente donde se incluye mente, voluntad y emociones.

Todo esto puede ayudarte a discernir si la persona que necesita liberación de un espíritu inmundo o un demonio.

Cada uno de los 5 conceptos de liberación que describí, es necesario desarrollarlos con mayor detalle, lo cual explicaré en el siguiente capítulo.

AUTOEVALUACIÓN:
Tema #3: Primer nivel básico.
Tema: Los conceptos de liberación.
(Diferentes nombres de liberación)

Introducción:
El tema trata con explicar que en la liberación y en guerra espiritual existe varios conceptos que definen el Modus Operandi que usan los espíritus y demonios.

Esta autoevaluación está elaborada para poner a prueba tu capacidad de asimilación de esta clase específicamente.

Tienes 10 preguntas en total, por favor lee cuidadosamente cada pregunta para poder responder con una "x" en la respuesta correcta.

- ✓ **Durante está enseñanza se mencionó que en la guerra espiritual hay principios que debemos considerar, puedes recordar cual es:**

Respuesta 1: Puedes ir a la guerra espiritual, aunque nadie te ha impartido y ni te han entrenado.___

Respuesta 2: Puedes ir a la guerra por que alguien ya te lo impartió y eso es suficiente.___

Respuesta 3: Puedes ir a la guerra espiritual porque tienes entrenamiento e impartición.___

✓ **¿Por qué se llama guerra espiritual?**

Respuesta 1: Porque la guerra espiritual es contra fuerzas invisibles.___

Respuesta 2: Porque para vencer en esa guerra espiritual se debe de gritar bien fuerte.___

Respuesta 3: Porque la meta del reino de las tinieblas es llegar hasta afectar el espíritu humano.___

✓ **¿De las 3 entidades mencionadas en este estudio contra las que se batallan, cuál no necesita entrar al cuerpo?**

Respuesta 1: El espíritu inmundo.___

Respuesta 2: El demonio.___

Respuesta 3: El ángel caído.___

Los Conceptos de Liberación

✓ **¿Un demonio es un ángel caído?:**

Respuesta 1: Si es un demonio.___

Respuesta 2: No es un demonio.___

Respuesta 3: Un ángel caído tiene los 2 géneros.___

✓ **En esta clase se habló que en guerra espiritual existen varios conceptos del Modus Operandi de las tinieblas, como se llama el que tiene este concepto: (Control desde adentro hacia fuera, a su entorno, a sus bienes, posesiones, etc.)**

Respuesta 1: Posesión demoníaca.___

Respuesta 2: Depresión espiritual.___

Respuesta 3: Satanización.___

✓ **¿De qué tiempo viene el espíritu inmundo?:**

Respuesta 1: Del tiempo de la rebelión de Satanás.___

Respuesta 2: De la primera caída de los ángeles.___

Respuesta 3: Del tiempo del diluvio de Noé.___

✓ **¿En la idolatría, y el ocultismo que parte del ser tripartito se puede contaminar aunque sea creyente?:**

Respuesta 1: El alma.___

Respuesta 2: El cuerpo.___

Respuesta 3: El espíritu.___

✓ **¿La posesión demoníaca describe hasta dónde un demonio ejerce su control?:**

Respuesta 1: En el alma y en el cuerpo.___

Respuesta 2: Solo en una de las 3 partes del ser integral.___

Respuesta 3: En todo el ser tripartito.___

Los Conceptos de Liberación

✓ **Otro concepto que se explicó en esta clase de la guerra espiritual, como un Modus Operandi de las tinieblas, que se define de la siguiente manera: (Ataques desde afuera hacia dentro.) como se llama?**

Respuesta 1: Opresión espiritual.___

Respuesta 2: Endemoniado.___

Respuesta 3: Satanización.___

✓ **¿Al hablar de ministración al alma, liberación de espíritus, y sanidad interior, es la misma operación?:**

Respuesta 1: Las 3 cosas son lo mismo.___

Respuesta 2: Solo 2 de las 3 son lo mismo.___

Respuesta 3: Ninguna de las 3 son lo mismo, cada una es diferente ministración.___

Los Conceptos de Liberación (II)
(Diferentes nombres de liberación)

Capítulo 4

El capítulo anterior lo concluí mencionando con una breve descripción de los 5 conceptos de liberación que existen en guerra espiritual en los cuales se define el modus operandi que utilizan los espíritus inmundos y los demonios; en este capítulo los detallaré lo mayormente posible con el propósito que todo el aporte del discernimiento que esto conlleva, te sea trasladado porque no es posible tener éxito en la liberación si no sabes contra qué batallarás.

De modo que iniciaré mostrándote los versículos que utilizaré como base para todo lo que te explicaré:

1 Corintios 12:10 ...a otro, operaciones de milagros, y a otro, profecía; y a otro, **discernimiento de espíritus**; y a otro, géneros de lenguas; y a otro, interpretación de lenguas.

En este versículo puedes ver que dentro de los dones que Dios provee, hay uno que su principal ocupación es el discernimiento de espíritus y es el que se ocupa dentro de la guerra espiritual, pero también es necesario comprender que el discernimiento de espíritus debe ser procesado y madurado correctamente.

Sin embargo, el discernimiento no está siempre presente cuando se habla del don, pero como conocimiento si está siempre presente en la medida de la enseñanza acumulada y la sabiduría alcanzada, de manera que el discernimiento de espíritus se desarrolla en 3 fases:

- ✓ Discernimiento por el don.
- ✓ Discernimiento por conocimiento previo.
- ✓ Discernimiento por sabiduría.

Esto te ayudará para saber el rango de una potestad en una liberación.

Filipenses 1:9 Y esto pido en oración: que vuestro amor abunde aún más y más en **conocimiento** verdadero y en todo **discernimiento**...

Efesios 1:8 ...que ha hecho abundar para con nosotros. En toda **sabiduría y discernimiento**.

Con estos versículos se completan las fases en las cuales puedo decir que complementan al discernimiento, como ya lo describí: por el don, por el conocimiento previo y por sabiduría. El discernimiento como don no funciona las 24 horas, de otra manera es como que sin importar el lugar por donde andes, por tener activado el don de discernimiento de espíritus, se activará en ti una especie de rayos X y que, cualquier cosa que veas, estás discerniendo un espíritu porque con eso estarías cayendo en un misticismo lo cual estaría en contra de una de las bases de la escuela de liberación que Dios me ha permitido formar, en todo caso es necesario que tengas equilibrio sin ser demasiado místico, aunque en algunas cosas debes serlo pero no extremista y decir que cuando algo lo movió un viento, fue un demonio, porque no es así.

Entonces, el discernimiento como don no está funcionando siempre, pero el discernimiento por conocimiento si está funcionando siempre; por supuesto que el discernimiento por sabiduría también está, el cual es la última faceta: conocimiento, entendimiento y sabiduría.

El conocimiento es el cúmulo de información, es la explicación detallada de aspectos que conciernen a determinada situación, en este caso a la guerra espiritual; entonces lo que te corresponde es ordenar ese conocimiento para que en su momento puedas aplicarlo, lo cual es sabiduría.

De manera que el discernimiento por conocimiento y el discernimiento por sabiduría, siempre estarán activos porque si aprendes todo lo que estoy enseñándote, lo interiorizas, porque aprendizaje es interiorizar el conocimiento, se convierte en parte de tu naturaleza, eso te permitirá discernir fácilmente por conocimiento y sabiduría determinada situación, por ejemplo: ¿cómo podrías discernir el rango de una potestad?

Los Conceptos de Liberación (II)

Efesios 6:12 Porque nuestra lucha no es contra sangre y carne, sino contra **principados**, contra **potestades**, contra los **poderes** de este mundo de tinieblas, contra las **huestes** espirituales de maldad en las regiones celestiales.

- ✓ ¿Cómo saber quién de estas potestades, es la jerarquía más alta?
- ✓ ¿Cómo saber lo que hacen?
- ✓ ¿Cuál es el orden jerárquico?

En la siguiente cita de la Biblia puedes ver el orden jerárquico:

Efesios 6:12 Porque no tenemos lucha contra sangre y carne, sino contra **principados**, contra **gobernadores** de las tinieblas, contra las **autoridades** de este siglo, contra **huestes** espirituales de maldad en las regiones celestes.

Esto lo que enseña es que, principados es la cúpula de esa jerarquía, los gobernadores son la parte jurídica que se compenetran en lo que son las leyes espirituales, las autoridades son las que componen los diferentes grupos como las legiones (6826), el ejército (1000), la centuria (100), unidad (1) y huestes son como los soldados de menor rango.

Principio en Guerra Espiritual

Efesios 6:12 (Amplificada) Porque no luchamos con carne y sangre (contendiendo solamente con oponentes físicos), pero contra los despotismos, contra los poderes, contra (los espíritus que son maestros o expertos) los gobernantes mundiales de esta oscuridad presente, contra las fuerzas espirituales de maldad en la esfera celestial (sobrenatural).

- ✓ La versión Amplificada permite entender que el mundo espiritual de las tinieblas tiene maestros o expertos en leyes, principios y estrategias de guerra.

- ✓ Por eso el factor ignorancia es la base de la derrota en las batallas.

- ✓ Otra de las cosas que he enseñado oportunamente es que la base de la autoridad en la guerra espiritual, no está en el grito, sino en el conocimiento y sobre todo, en la unción de Dios.

- ✓ El mundo espiritual es muy exigente a las leyes jurídicas, es decir se rige por leyes.

- ✓ También considero necesario mencionar que, en la medida que vayas asimilando toda la enseñanza de la escuela de guerra espiritual, así serás eficaz en la batalla y de alguna forma puedo decir que Dios te ascenderá de nivel jerárquico, pero igualmente así serán también los demonios más fuertes; por eso es necesario ponerle toda la atención a lo que hoy estás aprendiendo.

2 Corintios 2:11 (VMP) ...a fin de que Satanás no gane ventaja alguna sobre nosotros; porque no estamos ignorantes de sus ardides.

- ✓ Cuando estás batallando contra fuerzas espirituales de maldad, debes saber que hay dimensiones y capas que debes vencer por facetas, por eso existe lo siguiente:

- ✓ Principios de la efectividad.

- ✓ El derecho al poder Exógeno.

Los Conceptos de Liberación

El diablo utilizará las diferentes vías para afectar la vida de una persona, por eso es importante que aprendas todo lo referente a la liberación y en este punto, los diferentes conceptos que de forma muy breve, los describí en el final del capítulo anterior.

En liberación y en guerra espiritual existen varios conceptos:

✓ **Opresión espiritual.**

Ataques desde afuera hacia dentro, siendo uno de los ataques en los que Satanás más incursiona principalmente contra cristianos porque su propósito es tenerte oprimido y que no desarrolles tu llamamiento en la obra de Dios y así estorbar la alabanza y adoración que tengas hacia El.

✓ **Depresión espiritual.**

Control desde adentro hacia afuera, a su entorno, a sus bienes, posesiones, etc.

✓ **Posesión demoníaca.**

Control completo en 3 partes del ser integral: espíritu, alma y cuerpo.

✓ **Endemoniado.**

En un cristiano: se manifiesta en el alma y en el cuerpo no en el espíritu, a menos que el adversario haya logrado desarrollar toda la estrategia y logró afectar el espíritu y se convierte entonces en una posesión.

✓ **Satanización.**

Es un proceso con sistemas de dominación, de poder y manipulación a la esfera almática de una persona en general o cristiano donde se incluye mente, voluntad y emociones.

A continuación, describiré de una forma más detallada cada uno de los conceptos de liberación:

Opresión Espiritual

La opresión espiritual puede venir por demonios o espíritus inmundos, es para abrirse paso y ganar el derecho de entrar; aquí es donde la potestad insiste en debilitar lo que la está limitando.

- ✓ Cuando hay una opresión demoníaca, la mente sufre como una pesadez y es muy difícil la concentración y funciones de una persona porque el enemigo no lo deja.

- ✓ Consiste en una campaña de hostigamientos, que buscan que de la opresión se llegue al desánimo y por último a la depresión, claramente puedes ver el modus operandi de una opresión espiritual.

- ✓ Afecta como angustia mental, un cruel control mental y produce pensamientos negativos.

- ✓ Produce odio, ira y temor.

Este tipo de definiciones son muy propias de la escuela de liberación que Dios me ha permitido iniciar siendo parte de la capacitación correspondiente, fuera de este libro, no lo encontrarás en ningún otro libro porque es la conclusión de la trayectoria ministerial y de las experiencias que Dios me ha permitido vivir.

La opresión demoníaca fue uno de los modus operandi que el Señor Jesucristo le dio mucha importancia porque es la vía que el mundo de los espíritus de las tinieblas usa para abrirse paso hasta entrar.

Hechos 10:38 Vosotros sabéis cómo Dios ungió a Jesús de Nazaret con el Espíritu Santo y con poder, el cual anduvo haciendo bien y sanando a **todos los oprimidos por el diablo**; porque Dios estaba con Él.

En mi libro titulado, **Fortalezas Mentales** hay más detalles de la operación de los espíritus que van abriéndose paso hacia la vida interna de la persona a través de la opresión.

Depresión Espiritual

Los Conceptos de Liberación (II)

La depresión de espíritus inmundos es el estado que tiene la persona que ya cedió el derecho al espíritu inmundo o demonio y que ahora está por dentro.

- ✓ Tiene control desde adentro hacia fuera, a su entorno, a sus bienes, posesiones, etc.

- ✓ Los espíritus inmundos tienen nombre genérico.

- ✓ Si se trata de un demonio, estos son espíritus sin cuerpo los cuales existieron de una raza preadámica, y como parte del juicio, perdieron sus cuerpos.

- ✓ Poseen una fuerza superior al espíritu inmundo.

En este punto surge una interrogante: ¿qué se puede hacer cuando se detecta el ataque de un espíritu inmundo, un ataque desde afuera?

Lo primero que debes hacer es discernir todo lo que está sucediendo en tu entorno, lo que podrías considerar como anormal, porque el adversario puede usar lo que esté cerca de ti con el propósito que empieces a sentirte desesperado mentalmente.

Quizá seas una persona con una hoja de vida que supere lo normal dentro de una competencia laboral y adicionalmente tienes una presentación intachable óptima para ocupar una plaza laboral en las mejores empresas del mundo; sin embargo inexplicablemente no te contratan en ningún lugar, lo cual como parte del ataque de las tinieblas, lo que buscan es que experimentes una presión en tu mente, luchas, etc., hasta que llega el momento en que podrías hacer algo ilícito con tal de tener ingresos económicos; aunado a todo eso, llega un espíritu de decepción, de desesperación, hasta podrías alejarte de la Iglesia.

Entonces lo que hace el adversario para oprimir es mover situaciones que no son normales, lógicas para desesperar al que está siendo su punto de ataque y podría tomar una decisión equivocada para finalmente abrir la puerta al espíritu de depresión.

Posesión Demoníaca

Es el control completo que tiene un demonio.

- ✓ Control completo significa que lo es en el espíritu, el alma, y el cuerpo.

- ✓ La posesión demoníaca sólo la sufre la persona irredenta.

- ✓ La posesión demoníaca típicamente la realizan los demonios.

Los Conceptos de Liberación (II)

- ✓ Es decir, poseído, es por un demonio, pretendiendo enseñorearse en el cuerpo, alma y espíritu; es como tomar control absoluto; diferente a lo que hace un espíritu inmundo porque puede llegar a un área específica del alma o una parte del cuerpo físico, no puede controlar el ser integral, se necesitaría de varios espíritus inmundos para tener el control absoluto de una vida.

- ✓ La manifestación de una persona que está poseída por un demonio, es diferente a la manifestación de una persona que está siendo manipulada por un espíritu inmundo. El demonio posee a una persona absolutamente siendo su principal propósito destruirla, mientras que un espíritu inmundo lo que hace es tenerla en depresión cuando ya logró entrar en esa vida. Recuerda que cuando un espíritu inmundo está en pleno ataque hacia una persona, el efecto de lo que esa persona padece es llamado opresión porque es un efecto de afuera hacia adentro, pero cuando finalmente logra entrar a la persona, los efectos y manifestaciones que tenga aquella persona, se le llama depresión.

- ✓ Un cristiano no puede ser poseído por un demonio porque ya tiene a Cristo en su corazón, mientras que alguien que es inconverso, es como que no tiene dueño en su corazón y puede ser poseído.

✓ En la posesión demoníaca existe una fuerza superior al espíritu inmundo, su principal objetivo es matar. Después de haber usado el cuerpo en corto período, su segundo paso es destruir, matar a la persona que han estado ocupando.

✓ Los demonios son espíritus de otras esferas que cayeron en la era de los humanoides y su objetivo es matar a la creación de Dios.

La posesión demoníaca es tan fuerte que, hay testimonios en los que médicos interviniendo quirúrgicamente a una persona, aseguran que la persona a media operación, empezó a moverse y hablar, no obstante que había sido totalmente anestesiado, dicho en otras palabras, estaba imposibilitado de esa reacción, de manera que la única explicación, es que estaba poseído demoníacamente. La experiencia fue tal, que el médico que estaba operando a ese paciente y que le estaba causando ese tipo de experiencias, en determinado momento tuvo la intención de matarlo, porque al final lo que el demonio busca es matar a la persona que ha estado ocupando.

Endemoniado

Los Conceptos de Liberación (II)

La palabra endemoniado define, que un demonio puede afectar a un cristiano sólo en 2 partes de su ser integral.

- ✓ Un cristiano puede ser endemoniado en el cuerpo y en el alma pero no ser poseído porque no puede ser tomado su espíritu humano porque ahí está el Espíritu de Cristo y el Espíritu Santo.

Las razones: pecados no confesados, no sé ha apartado del pecado, no hay arrepentimiento.

La base contra eso: es el arrepentimiento verdadero que lleva a la liberación total o definitiva.

Ten presente siempre que, es muy diferente una persona que esté poseída y otra cosa es que esté endemoniada.

Satanización

Es el sistema que utilizan las entidades de las tinieblas de dominación, de poder y manipulación a la esfera almática.

Debo enfatizar que esto también es diferente a los otros conceptos; aquí no hay una agenda de opresión, sino que, es algo que puede ocurrir como máximo 3 veces en una persona. No hay un objetivo principal de parte del reino de las tinieblas para tener a una persona bajo su control. La satanización es el hecho de llegar en determinado momento a manipular el alma, de tal manera que puede usar la voz de esa persona para trasladar un mensaje, diabólico por supuesto. Por eso es un proyecto o modus operandi de las tinieblas para poder controlar las facultades del humano como su instrumento.

En una ocasión tuve que atender cierta situación de una persona en medio de lo que estaba viviendo en una satanización. Le hablé a la persona identificándome como su pastor y él me respondió que no necesitaba mi ayuda; pero inmediatamente después, me hablo con otra voz, como de mujer, haciéndose pasar por la mamá de esa persona y me decía que ella estaba cuidando de su hijo y que yo no me preocupara. En ese momento reprendí a la entidad que me había hablado e inmediatamente cambió de voz a un tono muy desagradable la cual estaba confrontándome, pero al mismo tiempo empezó la liberación de aquella persona porque yo también levanté la voz reprendiéndolo hasta que logró volver en sí la persona para poderla ubicar en un punto donde se le pudiera seguir ayudando. Esto es un ejemplo vivo de lo que es una satanización.

Satanización significa lo siguiente:

- ✓ No está endemoniado.

- ✓ No está poseído.

- ✓ No está invadido por espíritus, pero está en el proceso para entrar por alguna puerta.

- ✓ Está bajo la operación de ser satanizado.

El Poder de La Desatanización

Sería el proceso que va en contra de la satanización.

La desatanización es someter al cristiano al proceso con la cosmovisión fresca, actualizada de la liberación para que vaya siendo despojado, liberado de la manipulación, y/o dominio de la operación de las tinieblas.

Un ejemplo bíblico que puedes ver respecto a la satanización, está en la siguiente cita:

Mateo 16:22-23 (LBA) Y tomándole aparte, Pedro comenzó a reprenderle, diciendo: ¡No *lo* permita Dios, Señor! Eso nunca te acontecerá. ²³ **Pero volviéndose Él, dijo a Pedro: ¡Quítate de delante de mí, Satanás!** Me eres piedra de tropiezo; porque no estás pensando en las cosas de Dios, sino en las de los hombres.

El Apóstol Pedro no estaba bajo ninguna opresión, sencillamente el enemigo tomó su voz y lanzó lo que quería decir pretendiendo engañar a Jesús.

Ahora observa 2 conceptos diferentes: ¿Cuál de estos es Posesión y Satanización?

Mateo 16:23 Pero volviéndose **Él, dijo a Pedro**: ¡Quítate de delante de mí, **Satanás**! Me eres piedra de tropiezo; porque no estás pensando en las cosas de Dios, sino en las de los hombres.

Aquí puedes ver que se está hablando de Pedro y de Satanás en la misma persona; por supuesto que Satanás era el más interesado en que Jesús no fuera a la cruz.

Juan 13:27 Y después del bocado, Satanás entró en él. Entonces Jesús le dijo: Lo que vas a hacer, hazlo pronto.

Aquí se está hablando de Judas y Satanás.

Recuerda que si conoces los detalles, sabrás con profundidad la represión y decretos que se necesitan, si conoces los conceptos, debes saber entonces cómo reprender, cómo batallar.

Los Conceptos de Liberación (II)

AUTOEVALUACIÓN:
Tema #4: Primer nivel básico.
Tema: Los conceptos de liberación. Parte #2

Introducción:
El tema trata con explicar que en la liberación y en guerra espiritual existe varios conceptos que definen el Modus Operandi que usan los espíritus y demonios.

Las razones del porque 2 partes de este tema: Esta enseñanza es fundamental porque nos aportará discernimiento.

Esta autoevaluación está elaborada para poner a prueba tu capacidad de asimilación de esta clase específicamente.

Tienes 10 preguntas en total, por favor lee cuidadosamente cada pregunta para poder responder con una "x" en la respuesta correcta.

- ✓ Durante está enseñanza se mencionó que no se puede ir a la guerra espiritual sin discernimiento, sin embargo, el discernimiento no está siempre presente, ¿cuál es

discernimiento que no siempre está presente?

Respuesta 1: El don de discernimiento de espíritus.___

Respuesta 2: El discernimiento por medio del conocimiento.___

Respuesta 3: El discernimiento por medio de la sabiduría.___

- ✓ **Según Efesios 6:12 existe la jerarquía de entidades espirituales con las cuales tenemos lucha. ¿Cuál es el orden correcto de está jerarquía?**

Respuesta 1: Gobernadores, Huestes, principados, autoridades.___

Respuesta 2: Autoridades, Principados, Gobernadores, Huestes.___

Respuesta 3: Principados, Gobernadores, Autoridades, Huestes.___

- ✓ **¿En liberación y en guerra espiritual existe varios conceptos, los cuales el diablo usa para afectar la vida de las**

Los Conceptos de Liberación (II)

personas, como se llama cuando un demonio tiene control total?

Respuesta 1: Opresión.___

Respuesta 2: Satanización.___

Respuesta 3: Posesión.___

✓ En este estudio hablamos de 3 clases de entidades de las tinieblas, ángel caído, demonio y espíritus inmundos y cada uno surge de un diferente tiempo, ¿cuál es el tiempo del surgimiento de los espíritus inmundos?

Respuesta 1: Tiempo preadámico.___

Respuesta 2: Tiempo prediluviano.___

Respuesta 3: Tiempo postdiluviano.___

✓ ¿Si un creyente fuera endemoniado qué partes serian afectadas por el demonio?

Respuesta 1: Solo en el cuerpo.___

Respuesta 2: En el cuerpo y el alma.___

Respuesta 3: En el espíritu, alma y cuerpo.___

- ✓ **¿Dentro de los conceptos de la guerra espiritual, cuál es lo que el reino de las tinieblas usa para abrirse paso y entrar a una persona?**

Respuesta 1: La opresión.___

Respuesta 2: La depresión.___

Respuesta 3: Ninguna de estas.___

- ✓ **Entre opresión, depresión y satanización demoníaca, ¿cuál de estas revela que ya está dentro?**

Respuesta 1: depresión demoníaca.___

Respuesta 2: opresión demoníaca.___

Respuesta 3: satanización demoníaca.___

- ✓ **¿De las 3 clases de entidades que se mencionaron en este estudio, cual vino de la era de los humanoides?**

Los Conceptos de Liberación (II)

Respuesta 1: Los demonios.___

Respuesta 2: Los ángeles caídos.___

Respuesta 3: Los espíritus inmundos.___

- ✓ **De las 3 entidades que se mencionan en este estudio, ¿cuál de ellas busca matar a su víctima?**

Respuesta 1: el ángel caído.___

Respuesta 2: el demonio.___

Respuesta 3: el espíritu inmundo.___

- ✓ **De la jerarquía espiritual qué se revela en Efesios 6:12, los principados, los gobernadores, las autoridades, y las huestes, ¿cuál de estas es la que su especialidad son las leyes espirituales?**

Respuesta 1: Las huestes.___

Respuesta 2: Las autoridades.___

Respuesta 3: Los gobernadores.___

La Palestra de Un Libertador

(Los 4 niveles de la palestra espiritual)

Capítulo 5

La primera instrucción es definir contra quien es tu lucha y para eso es necesario que aprendas y que conozcas todo lo referente a ese respecto.

A continuación encontrarás la cita base que usaré en este capítulo, no obstante que lo has podido ver en otras oportunidades por el importante contenido magistral que contiene, porque siempre le encontrarás ángulos diferentes por la relevancia que tiene que ver con la enseñanza y revelación de los principios de la guerra espiritual:

> ✓ **Efesios 6:12** Porque **nuestra lucha** no es contra sangre y carne, sino contra **principados**, contra **gobernantes**, contra las **autoridades** de este mundo de tinieblas, contra las **huestes** espirituales de maldad en las regiones celestiales.

Este versículo está mostrando el orden correcto de la jerarquía de esas potestades de las tinieblas, quizá en la Biblia que tienes a tu alcance o la que más frecuentemente usas, lo tenga de forma diferente, como lo estoy mostrando es el orden jerárquico.

> ✓ **Efesios 6:12 (NT BAD) Nuestra lucha** no es contra seres de carne y hueso, sino contra seres incorpóreos malignos soberanos del mundo invisible, poderosos seres satánicos y

príncipes de las tinieblas que gobiernan este mundo y contra perversas huestes espirituales en el mundo espiritual.

Esta versión de la Biblia es una paráfrasis porque lo que hace es entregar detalle de conceptos que están íntimamente vinculados según la posición que usa cada entidad, no obstante, es de mucha ayuda para poder comprender qué es lo que cada potestad hace.

- ✓ **Efesios 6:12 (BCR)** ...contra ejércitos espirituales de maldad **en dimensiones celestiales**.

En esta versión de la Biblia, solamente tomé el punto que hace referencia al lugar donde son las batallas, no obstante que la necesidad de liberación es en la Tierra y se hace todo lo referente para alcanzarla, esa lucha tiene su origen en dimensiones celestiales y la repercusión es entonces en la Tierra.

Ahora bien, el contenido de este capítulo nace acerca de lo que significa la palabra lucha, mencionada desde la primera cita que estoy presentando y tiene la siguiente información de acuerdo a los diccionarios bíblicos:

Lucha G3823 pále; luchar, lucha cuerpo a cuerpo. Se usa para hablar del conflicto espiritual en el que se hallan inmersos los cristianos.

✓ Se refiere a la guerra en general entre santos y espíritus rebeldes que se oponen a Dios.

✓ En término de jerarquía se refiere a cuatro clases de entidades espirituales.

Jerarquías de Entidades de Las Tinieblas

Es muy importante conocer este punto porque puedes ver la parte doctrinal, escritural, lo que te lleva a ver donde dice: escrito está, también puedes ver la parte teórica; sin embargo llegará el momento donde vendrá lo experimental en lo cual necesitas saber qué hace cada una de las entidades que describe **Efesios 6:12** por ejemplo; me refiero a saber qué hace y quién es el principado, qué hace un gobernador, qué hace una autoridad, qué hace una hueste de maldad, qué jerarquía tienen, qué influencia llegan a alcanzar, qué respaldo, qué poder tienen esas potestades para que de esa manera puedas saber si tienes la capacitación o el entrenamiento necesario para entrar a la batalla según los niveles que mencioné.

Por supuesto que Dios respalda a Sus siervos, ministros hombres o mujeres por mínima que sea la autoridad o el nivel de unción que cada uno tenga; lo que Dios ve es la vocación con la que haces el trabajo que te ha llamado a hacer en su obra; por supuesto que la vocación no significa que lo sepas todo pero Dios lo respalda. Una vocación se manifiesta por el amor que puedas tener al llamado que Dios te ha hecho, si no te sientes identificado con el llamamiento. La vocación te ayuda a sentir la pasión por aquello que haces, sin duda una pasión positiva como un deseo intenso. Claro que no puedes quedarte solamente con la vocación, a eso debes sumarle conocimiento para que entonces puedas saber que en la guerra espiritual, hay cambios de jerarquía, porque si las tinieblas tienen jerarquías, no es porque ellos lo hayan inventado, las tinieblas son imitadores de las cosas que Dios hace, de manera que Dios tiene jerarquías dentro de Su ejército.

Por eso es muy importante que te desarrolles en la vocación que tienes hacia un equipamiento, un aprendizaje, a una delegación o un asignamiento para que lo puedas desarrollar y que en base a eso puedas estar escalando de parte de Dios hasta llegar a tener un rango de general en la guerra espiritual, que tu voz sea reconocida en el mundo espiritual, aún tu nombre sea reconocido en el infierno. Serás reconocido en los cielos, porque escrito está, que los que pelean batallas espirituales del pueblo de Dios; sus nombres están inscritos en los cielos para que haya un respaldo con el trabajo que están haciendo.

A continuación, encontrarás el nombre de las jerarquías de potestades de las tinieblas:

✓ **arches (G746):** principados, supremos o seres del más alto rango y orden en el reino de Satanás (Efesios 6:12; Efesios 1:21; Colosenses 2:10). Esa palabra significa que él es primero en todo, en turno, en rango, en lugar, etc., es la cabeza principal.

✓ **kosmokratoras (G2888):** gobernantes mundiales de las tinieblas de este siglo, los gobernantes espirituales del mundo (Daniel 10:13-21; Efesios 1:21; Efesios 6:12; Colosenses 1:16-18).

✓ **exousias (G1849):** autoridades, aquellos que derivan su poder de los gobernantes y los ejecutan (Efesios 6:12; Efesios 1:21; Colosenses 2:10).

✓ **pneumatikos (G4152) ponerias (G4189):**, maldad espiritual, la de los malvados. Cadena de operación de espíritus de maldad en los lugares celestiales (Efesios 6:12; Efesios 1:21; Colosenses 1:16-18). Estos son los considerados que siempre están en operación, también considerados con nombres genéricos.

Las potestades con nombres propios regularmente son los principados porque son las entidades de mayor rango y los nombres genéricos son los que conforman la cadena de operación. Un nombre genérico significa que, el nombre que tiene es lo que hace, por ejemplo: espíritu de depresión, ese es un nombre genérico y lo que hace es atacar con depresión; espíritu de pornografía lo que hace es contaminar a través de lo que ven los ojos, etc.

Un principado es un nombre propio, Belcebú, Damián, Asmodeo, Baal, etc., por supuesto que también hay nombres de entidades místicamente femeninas que tienen nombre de principado, por ejemplo, Diana, Jezabel, etc. Todo esto es importante que lo conozcas porque es parte de tu equipamiento, es parte del por qué he titulado este capítulo, la palestra, porque la palestra es una escuela de guerra. La palabra lucha viene de la palabra griega palé, pero de esa palabra también viene la palabra palestra que, como ya lo dije significa escuela de guerra donde se formaban los guerreros en el tiempo del Apóstol Pablo. Quizá tienes el deseo de llegar pronto al punto de saber cómo echar fuera demonios y espíritus inmundos, pero es necesario que vayas aprendiendo todo el equipamiento lo cual es la base de lo que habla la Biblia respecto a la armadura de Dios que se le ponía únicamente al soldado que había pasado todo el equipamiento y al final como una especie de graduación lo vestían para que pudiera gritar: ¡integritas!, golpeándose el pecho porque él podía utilizar la vestimenta militar.

Entonces es de suma importancia aprender todo esto para saber cómo aplicar ciertos principios de guerra espiritual y que en medio de una liberación saber a dónde debes enviar a cada potestad. El problema que existe al no saber a dónde enviar a cada potestad, es que la potestad no perderá su tiempo y lo que hará es saltar a otra persona que pueda estar en el área donde está llevándose a cabo la liberación y que pueda tener la misma puerta o que esté batallando con el mismo problema.

Insisto, si no conoces acerca de las manifestaciones, entonces no sabrás quién es, por eso a continuación encontrarás los 22 nombres o epítetos que Satanás utiliza lo cual es importante que conozcas para saber el tipo de manifestación, incluso para saber en qué región opera, porque no todas las potestades operan específicamente en todo lugar, tienen regiones específicas porque es ahí donde desarrollan su propio modus operandi que establecen en la base que están familiarizados en el tipo de mal, de iniquidad o de pecado que abunda en un ambiente, por ejemplo, hay zonas en las que más abunda la prostitución, el tráfico de drogas, los divorcios, el adulterio, la lujuria.

El Alfa y Omega De Satanás

La Biblia usa 22 nombres a lo largo del Antiguo y Nuevo Testamento para describir al diablo y la forma en que opera.

2 Corintios 2:11 ...para que Satanás no tome ventaja sobre nosotros, pues **no ignoramos sus ardides.**

Efesios 6:11 Revestíos con toda la armadura de Dios **para que podáis estar firmes contra las insidias del diablo.**

Estos incluyen:

- ✓ **Abadón** A.T. destructor o que destruye (Apocalipsis 9:11)
- ✓ **Acusador** (Apocalipsis 12:10)
- ✓ **Adversario** (1 Pedro 5:8)

Adversario es otro título para el diablo y lo encuentras mencionado en el siguiente versículo:

1 Pedro 5:8 Sed sobrios, velad; porque vuestro adversario el diablo, como león rugiente, anda alrededor buscando a quien devorar.

.- La palabra **adversario** en griego es **antidikos**, que es un compuesto de la palabra **anti**, que significa **contra** y una forma de la palabra **diko**, que significa **justicia**, esto es muy interesante porque está involucrando el término legal, es decir que se pondrá en contra de ti, aplicando principios jurídico espirituales, es decir, se podrá oponer en la base que hayas violado un principio jurídico; eso significa que utilizará todo cuanto pueda en relación al régimen jurídico de los derechos espirituales.

.- Por lo tanto, cuando la Biblia llama al diablo **el adversario**, está diciendo que él se opone totalmente a la rectitud y todo lo que es bueno, justo y equitativo.

-. Además, la palabra **antidikos (adversario)** es también la palabra que se usa para un abogado que argumentó en un tribunal de justicia; esto debe llevarte a ver que estás viendo lo que sucede en una corte espiritual.

-. Esta palabra representa a un fiscal que argumenta contra el acusado; un acusador que intenta presentar un cargo de culpabilidad a una persona sobre la base de información de acciones o hechos pasados.

.- Esto está relacionado solamente con la palabra adversario y se basa en todo lo que se relaciona al ámbito jurídico espiritual porque la persona que lo está padeciendo, ha dejado de cumplir algunas cosas que Dios ha establecido. Recuerda que en el Antiguo Testamento Dios habla en términos jurídicos, habla de mandamientos, preceptos, estatutos, leyes, etc., todos esos términos de carácter jurídico, apuntan hacia la obediencia; entonces el hecho de desobedecer puede ser un argumento que el enemigo podría utilizar para lo cual se manifestará desde el punto de vista de un adversario que conoce de leyes jurídicas y por lo cual puede solicitar la intervención jurídicamente a una persona, porque tiene los elementos para demandarlo espiritualmente hablando.

- **Ángel de luz** (2 Corintios 11:14)
- **Apolión** N.T. El que hace perder o perdición (Apocalipsis 9:11)
- **Belcebú** (Mateo 10:25; 12:24)
- **Belial** (2 Corintios 6:15)
- **Diablo** (Efesios 6:11; 1 Pedro 5:8; Apocalipsis 12:9)
- **Dragón** (Apocalipsis 12:9)
- **Maligno** (Mateo 6:13)
- **Asesino** (Juan 8:44)
- **Príncipe de este mundo** (Juan 12:31)
- **Príncipe de los demonios** (Mateo 9:34 NVI)
- **Príncipe de la potestad del aire** (Efesios 2:2)
- **León rugiente** (1 Pedro 5:8)
- **Satanás** (Lucas 10:18)
- **Serpiente** (Apocalipsis 12:9)
- **Devorador** (Malaquías 3:11)
- **Tentador** (Mateo 4)
- **El acreedor** (2 Reyes 4:1)
- **El vengador** (Números 35:12)

✓ **El engañador** (2 Juan 1:7)

Estos son nombres, símbolos y epítetos de Satanás los cuales es importante conocerlos porque cada uno tiene su propia manifestación, son como perfiles de entidades las que atacan y en la cita que tiene cada uno, puedes encontrar su modus operandi y en base a su nombre puedes encontrar el concepto que le corresponde.

Si a esto le sumo que existen estructuras de las cuales te mostraré algo de lo que podría servirte como ejemplo y si bien es cierto que podría ser algo muy limitado porque para poderlo explicar, tendría que hacer un esquema lo suficientemente amplio para poder darlo a entender y saber lo que verdaderamente es y lo que no es en guerra espiritual; porque resulta que en internet puedes encontrar esquemas de lo que llaman estructuras del reino de las tinieblas, pero realmente no hay bases bíblicas, no hay raíces etimológicas, no hay historia respecto a la temática, no hay conocimiento a la cultura, etc.

A continuación te presentaré un ejemplo a este respecto:

Estructura Del Reino

De Las Tinieblas

✓ Hay un reinado de una entidad místicamente femenina, por eso en la Biblia se menciona a la reina del cielo en **Jeremías 44:17**, siendo la primer entidad que se rebeló contra Dios, conquistando de esa manera a Satanás haciéndolo un príncipe de las tinieblas, pero la entidad principal contra Dios es una entidad místicamente femenina.

✓ Bajo la entidad de Satanás está el anticristo que es una personalidad también a un futuro cercano pero es un sistema, por eso la Biblia dice que el espíritu del anticristo ya está en acción, no la persona pero sí el espíritu. El nombre de anticristo, aunque es un nombre revela su modus operandi, lo cual es que se opone a todo lo que es de Cristo.

✓ Bajo el anticristo está una estructura militar la cual pudiste ver en el inicio de este capítulo en **Efesios 6:12**, principados, gobernadores, autoridades y huestes.

✓ Bajo los principados pueden existir géneros de entidades femeninas como las que ya mencioné; también existen espíritus cíclicos, son los que salen y vuelven, también está la cadena de mando de lo cual puedo decir que es el que hace batalla contra todo cristiano porque viene de los ancestros.

✓ Bajo esta jerarquía están los espíritus generacionales, también los espíritus íncubos y súcubos, estos son espíritus sexuales que buscan corromper sexualmente a una persona. También están los espíritus nahuales que son los que al estar en las personas, transforman a la persona en forma de animal.

La Palestra

De la palabra **lucha** viene la **palestra** que en los días del poderío romano **la palestra** era el nombre con el que se identificaba el lugar donde se hacían los guerreros. Lugar donde les enseñaban a los guerreros las técnicas y las estrategias de lucha pero también a reconocer la habilidad y fuerza de su enemigo, es decir, como un discernimiento en saber cómo derrotar al enemigo.

Esto ya lo mencioné, pero lo vuelvo a señalar a manera de dejarlo estructuralmente dentro de este capítulo.

Las escuelas de lucha llamadas palestra

✓ Del griego: Palaistra = lugar donde se lucha o escuela de lucha.

- ✓ Del latín: Palestra = donde se libran batallas o entrenamientos

En origen eran escuelas de lucha: la palestra, por lo tanto, era el espacio donde se enseñaba a luchar y se realizaban combates.

Debo decir que incluso lo que era su núcleo central se llenaba de agua con el claro objetivo de que su entrenamiento fuera muy completo, y así desarrollaran fuerza y firmeza.

La palestra originalmente era de la siguiente forma:

- ✓ Sin ropa.

- ✓ Bañados en aceite para hacer al contrincante resbaladizo y que se desarrollara la capacidad de la lucha de cuerpo a cuerpo.

- ✓ La tierra era mojada para hacer el terreno difícil de mantenerse de pie y así se desarrollara la capacidad de equilibrio.

- ✓ Así los alumnos adquirían técnicas de lucha, desarrollaban sus habilidades y aprendían todo lo necesario para poder combatir con un rival.

- ✓ Al final de su capacitación les ponían un sello distintivo que habían sido capacitados en una palestra.

La Técnica de La Lucha

- ✓ Figurativamente, que tu enemigo no tenga de donde sujetarte.

- ✓ Las cosas que no trabajas en tu vida, son las cosas donde el diablo se agarrará para sujetarte.

- ✓ El guerrero celestial no se centra sólo para tener el éxito, sino para el esfuerzo y dejar que aflore lo mejor que hay dentro de él.

Entrenamiento y Equipamiento

Ser entrenados y equipados es importante, recuerda que Jesús no envió a ninguno de Sus discípulos a la guerra espiritual solamente por impartición y sin equipamiento.

Efesios 6:11 (Amplificada) Vestíos con toda la armadura de Dios [la armadura de un soldado fuertemente armado que Dios proporciona], para que podáis resistir con éxito [todas] las estrategias y los engaños del diablo.

Por ejemplo, ¿cómo enfrentar las 22 manifestaciones del diablo, según los 22 nombres o epítetos de Satanás si no se tiene entrenamiento, equipamiento y práctica?

- ✓ Esta es la razón por la que Dios ha dado una armadura espiritual "**...podamos estar firmes contra las asechanzas del diablo**" (Efesios 6:10).

La Biblia usa 17 nombres a lo largo del Antiguo y Nuevo Testamento para describir al diablo y la forma en que opera.

Con lo que has visto hasta ahora, puedo decir que tienes el peso del por qué existe una escuela de guerra espiritual. En la Biblia puedes ver que en Su discipulado lo desarrolló con muchos enfoques, les enseñó misterios del reino, las bienaventuranzas lo cual es el estilo de vida dentro del reino, los misterios parabólicos, les enseñó a sanar, les enseñó a limpiar leprosos, etc., hasta después de todo eso los comisionó, por eso insisto en la importancia del equipamiento de guerra espiritual.

Diferenciando Entre Demonios, Espíritus Inmundos y Ángeles Caídos

En este punto debes aprender a diferenciar lo que es un demonio, un espíritu inmundo y un ángel caído, cada uno tiene su origen de diferente forma; aunque ya lo enseñé lo vuelvo a exponer:

Las Entidades de 3 Tiempos Diferentes

PRIMER TIEMPO
Mundo angelical – ángeles caídos
Génesis 1 Eternidad pasada
Mundo luzbeliano

En Génesis 1 Dios creó los cielos y después la Tierra, no puedo determinar cuánto tiempo pasó entre la creación de los cielos y la creación de la Tierra; primero fue la creación celestial y después la terrenal. Por eso, cuando ves que dice que la Tierra estaba desordenada y vacía, es porque existe otro período de tiempo donde hubo entidades que ocuparon la Tierra; hubo una rebelión lo que dio lugar que estuviera desordenada y vacía; con lo cual hoy se puede comprender que fue por un juicio angelical que existió y por lo cual quitó su gobierno a los ángeles como lo deja ver este versículo:

Hebreos 2:5 (RVG) Porque no sujetó a los ángeles el mundo venidero, del cual hablamos...

Esto deja ver que hubo un tiempo en el cual sujetó el mundo a los ángeles, ellos estaban a cargo como se puede vislumbrar en este versículo:

Ezequiel 28:14 Tú, querubín protector de alas desplegadas, yo te puse allí. Estabas en el santo monte de Dios, andabas en medio de las piedras de fuego.

Estos 2 versículos me permiten tener la panorámica que estoy describiendo y que desde ese tiempo vienen los ángeles caídos y otras rebeliones que se han manifestado hasta el día de hoy sumándose al género de ángeles caídos. Dentro de lo que la Biblia revela está Génesis 6, en las epístolas de Pedro y también en la de Judas se pueden ver esas situaciones.

SEGUNDO TIEMPO
Mundo humano
Génesis 1:26
Género humano

Para este tiempo hubo una contaminación de humanoides y Dios envió un juicio quitándoles el cuerpo a esa creación descrita en **Génesis 1:26,** es de aquí de donde vienen los demonios. Hay gente que asegura que los demonios son los mismos ángeles caídos lo cual no es así, porque no hay referencia bíblica que lo apuntale. Los ángeles caídos son un género diferente, los demonios es otra creación caída.

Hablando de ángeles caídos, su prioridad no es la de vivir dentro de un cuerpo, por eso es un error pronunciar en medio de una liberación, que alguien tiene un ángel caído que está estorbando a una persona, porque no es bíblico; de manera que alguien que esté pretendiendo hacer una liberación echando fuera un ángel caído, automáticamente está diciéndole al demonio que ocupa aquel cuerpo, que esa persona no conoce de liberación y eso mismo le servirá a ese demonio para resistir y engañar a la persona que está pretendiendo liberar a otro. Por supuesto que un ángel caído puede entrar en un cuerpo, pero no es su meta.

Cuando ves la descripción de **Génesis 1:1** y **Génesis 1:2** puedes ver que hubo una historia que no está descrita ampliamente, pero a lo largo de la Biblia puede comprenderse de lo que ahí sucedió, un juicio que fue a través de un diluvio y fue por eso que aguas cubrían la redondez de toda la Tierra. Vendrá también a estas entidades una condenación eterna pero mientras tanto, hay muchos que aún vagabundean en el segundo cielo y es de ahí de donde vienen los demonios; entonces puedes ver que son eras totalmente diferentes.

TERCER TIEMPO
Mundo adámico
Génesis 2:7
Adam: raza humana

Este es el momento cuando Dios formó de la tierra al hombre, es el tiempo que se ha expandido hasta el día de hoy, pero llegó el diluvio descrito en **Génesis 7** y solamente Noé y su familia fueron salvos y los que murieron en aquel entonces, quedaron en calidad de espíritus inmundos. Según los estudiosos dicen que para el tiempo en que fue el diluvio, ya había alcanzado la raza humana, 7,0 mil millones de seres humanos sobre la Tierra y que solamente Noé y su familia se salvaron.

1 Pedro 3:19-20 En el cual también fué y predicó á los espíritus encarcelados ; [20] Los cuales en otro tiempo fueron desobedientes, cuando una vez esperaba la paciencia de Dios en los días de Noé, cuando se aparejaba el arca; en la cual pocas, es á saber, ocho personas fueron salvas por agua.

Partiendo de aquí puedo saber entonces cuál es el objetivo de un ángel caído y cuál es el objetivo de un demonio. El espíritu inmundo busca cuerpo porque lo perdió en el diluvio al rebelarse contra Dios. Un demonio que ataca un cuerpo es porque lo quiere destruir, en forma de venganza; no busca permanecer por mucho tiempo en un cuerpo, sino que, podrían destruirlo mucho antes del tiempo de los 70 años o de los 80 años que es el tiempo límite según la Biblia.

Con todo esto puedes ver que son diferentes entidades, tienen diferentes modos de operar y se identifican de diferente manera.

Los espíritus inmundos vienen de la humanidad que murió en el juicio del diluvio; espíritus inmundos significa que son espíritus irredentos, no perfeccionados, vienen del período de toda la humanidad muerta del diluvio de donde solamente Noé y su familia fueron salvos. Por eso he enseñado que los espíritus inmundos no matan porque necesitan el cuerpo humano para seguir alimentando su instinto inmundo.

Los demonios matan porque ellos quieren una venganza arcaica, la que quieren porque perdieron su cuerpo, entonces ellos si matan. Vienen de una creación preadámica conocida como humanoides.

Los ángeles caídos no necesitan cuerpo humano, pueden entrar en un cuerpo pero no es esa su prioridad, por eso es muy raro ver casos en los cuales se tenga que echar fuera un ángel caído, pero pueden influenciar con rebelión, con otros males pero no necesitan el cuerpo humano.

Apocalipsis 18:2 Y clamó con potente voz, diciendo: ¡Cayó, cayó la gran Babilonia! Se ha convertido en habitación de **demonios**, en guarida de todo **espíritu inmundo** y en guarida de toda **ave inmunda** y aborrecible.

Aquí puedes ver las diferentes entidades aunque no están en el mismo orden, pero puedes ver que tienen una especie de ciudad de refugio.

Los Orígenes de Demonios

Los demonios son espíritus sin cuerpos de una raza pre-adámica, como juicio perdieron sus cuerpos.

Génesis 1:1 En el principio creó Dios el cielo y la tierra.

Jeremías 4:23 Miré la tierra, y he aquí que estaba desordenada y vacía; y los cielos, y no había en ellos luz.

Referencias de la rebelión: **Ezequiel 28; Isaías 14**.

El Rango de Los Demonios

Poseen una fuerza superior al espíritu inmundo, su principal objetivo es matar. Después de haber usado el cuerpo en corto período, su segundo paso es destruir, es matar.

- ✓ Perdieron un cuerpo de luz que hoy poseen los cristianos.

Los demonios son espíritus de otras esferas que cayeron en la era angélica, del mundo luzbeliano, son los humanoides como ya lo mencioné.

- ✓ Matan, destruyen la creación de Dios.

Esto es importante que puedas asimilarlo y comprenderlo porque cuando estás en una liberación y disciernes que es un demonio al que estás confrontando, debes saber que cuando ese demonio se sienta vencido, buscará la forma de destruir el cuerpo de la persona en la que está; aunque también buscará matar el cuerpo de aquella persona en cualquier momento; pero refiriéndome al momento en que pueda haber una liberación, debes tener el cuidado en ver que no haya nada cerca de esa persona con lo cual pueda lastimarse al punto de poderse matar influenciado por ese demonio.

El Discernimiento de Los Demonios

En el Nuevo Testamento, la palabra demonio refiere a:

Daimonio: entidad invisible, incorpórea que pertenece a la esfera de espíritus malos o malvados.

- ✓ **Son de naturaleza demonio y no de espíritu inmundo.**

- ✓ Una importante referencia es que cada vez que en el Nuevo Testamento se habla de un demonio, se utiliza la palabra poseído.

- ✓ Es decir, poseído por un demonio.

Si quieres una referencia desde el Antiguo Testamento para ver como han pasado en una transición de tiempo en tiempo, lo puedes ver en el siguiente Salmo:

Salmo 106:37 Sacrificaron a sus hijos y a sus hijas a los **demonios**…

Cuando ves la etimología de la palabra, demonio, puedes encontrar en los diccionarios bíblicos, lo siguiente:

- ✓ **shed de H7736**; demonio, maligno.

- ✓ **shud H7700**: raíz primaria; devastar: destruir.

- ✓ **shod H7701: de H7736**; violencia, furia: asolamiento, despojador, destrucción, devastador, opresión, robar.

El intento de un demonio es posesión completa, es decir, espíritu, alma y cuerpo cuando la persona no es cristiana, en un cristiano puede poseer su cuerpo y alma solamente, aunque también puede contaminar el espíritu cuando el grado de esa contaminación es muy grande.

- ✓ Cuando se habla de un espíritu, se dice atormentado por un espíritu de maldad, malo, inmundo, etc.

- ✓ Los demonios no necesariamente necesitan un cuerpo para prolongar su permanencia en la Tierra.

- ✓ El espíritu humano se contamina a través de la idolatría, el ocultismo y de las relaciones sexuales ilícitas, de tal manera que la persona que ha sido salva y de pronto vuelve a caer deliberadamente, entonces empieza a involucionar endureciendo su corazón, su mente es entregada al mal hasta el punto de estar contaminado totalmente.

- ✓ Los demonios están detrás de una venganza ancestral que tiene que estar relacionada con:

.- Un juicio.
.- La pérdida de su cuerpo.
.- La sustitución de su creación por otra, la creación preadámica.

✓ Los demonios por su poder, pueden crear todo tipo de males, por ejemplo:

.- Pueden crear enfermedades.
.- Pueden crear todo tipo de problemas.
.- Pueden crear obstáculos.
.- Pueden crear conflictos a través de circunstancias o usando personas impías.
.- Pueden crear mentalidades de suicidio y ambientes de muerte.

✓ Los significados de su naturaleza dicen lo que ellos pueden crear.

.- En cambio los espíritus inmundos necesitan un cuerpo porque su meta es continuar con sus instintos inmundos y prolongarse en la Tierra porque son espíritus humanos irredentos, en otras palabras no es un propósito el matar a su víctima, al contrario la necesitan para continuar adelante con su obra inmunda.

Etimología de Los Demonios en El Nuevo Testamento

Lucas 8:2 ...y también algunas mujeres que habían sido sanadas de espíritus malos y de enfermedades:

María, llamada Magdalena, de la que habían salido siete **demonios**...

Demonio: G1140 daimónion; ser demoníaco; endemoniado, demonio.

Algunos ejemplos de cómo operan, cuando se dice que puede llegar a operar hasta en la mente de una persona, es a través de la opresión.

Opresión Demoníaca

✓ La opresión demoníaca.

Angustia mental; un cruel control mental; pensamientos negativos.

Cuando hay una opresión demoníaca la mente sufre como una pesadez y es muy difícil la concentración y funciones de una persona. El poder que ejerce un demonio es tal, que puede llegar a alterar una parte física de la anatomía de una persona y que ellos la controlen de tal manera que la persona puede llegar a pensar lo que ellos quieren que piense.

¿Puede Satanás saber lo que piensas?

El no es omnisciente para saber todo respecto a lo que estés pensando, pero si puede saber lo que estás pensando si él trabaja en pos de activar un pensamiento que quiere que estés pensando.

Posesión Demoníaca

Esto es el hecho de tomar el control por completo de una persona, incluyendo espíritu, alma y cuerpo.

La posesión demoníaca abarca los pensamientos, la mentalidad, las acciones físicas y la dirección espiritual de la persona.

Declaración Importante

- ✓ Un cristiano puede ser oprimido por un espíritu inmundo y demonio.

- ✓ Un cristiano puede ser endemoniado en el cuerpo y en el alma pero no posesionado.

Las razones: por pecados no confesados, no se ha apartado del pecado, no hay arrepentimiento.

Recuerda que cada vez que en el Nuevo Testamento se habla de un demonio, se utiliza la palabra poseído.

La base contra eso: es el arrepentimiento verdadero que lleva a la liberación total o definitiva.

Espíritus Inmundos

Los orígenes de los espíritus inmundos

Los espíritus inmundos son espíritus de cuerpos que murieron en el diluvio. Raza irredenta en los días de Noé.

Génesis 6:5; 1 Pedro 3:20; Apocalipsis 18:2.

Pretenden volver inmunda a la nueva creación de Dios.

Espíritu inmundo

Su intención es usar el cuerpo del humano con fines inmundos, para ello necesitan de un cuerpo humano, estos no matan. Son espíritus que tuvieron cuerpos de otros humanos que quieren volver a vivir utilizando otros cuerpos. Utilizan incluso cuerpos de animales; por supuesto que esto no es reencarnación, esto es un modus operandi donde un espíritu inmundo encuentra la puerta abierta en la vida de una persona por un derecho legal y entra en ese cuerpo. Son compatibles con el cuerpo humano porque son espíritus de humanos que no se perfeccionaron, no le creyeron a Dios y su cuerpo murió en el diluvio.

El Discernimiento de

Los Espíritus Inmundos

La terminología bíblica de la esfera espiritual de las tinieblas:

- ✓ Espíritu maligno: 10 veces en la biblia.
- ✓ Espíritu inmundo: 21 veces en la biblia.
- ✓ Espíritu familiar: 16 veces en la biblia.
- ✓ Espíritu malo: 2 veces en la biblia.

Cada uno es único en sus funciones y por eso se identifican diferente uno del otro. La orden de estos espíritus es llevar a la degeneración a la persona en general o cristiano y afectar así la obra de Dios llamada regeneración.

Puedes comprender entonces por qué en la Biblia a uno le llama espíritu maligno, a otro espíritu inmundo, a otro espíritu familiar y a otro espíritu malo. Insisto en que estos son espíritus de humanos irredentos que desean un cuerpo y lucharan para degenerarlo, por eso luchan contra la obra de regeneración.

Grupos de espíritus

- ✓ Espíritus de tormento.
- ✓ Espíritus inmundos.

- ✓ Espíritus malos.

De los espíritus que ya mencioné, pertenecen a estos 3 grupos por eso es necesario conocer el concepto de cada uno:

1.- Espíritu de Tormento

Este espíritu tratará de obstaculizar, estorbar, afectar y opera de la siguiente manera:

2 Corintios 12:7 ...un mensajero de Satanás que me abofetee, para que no me enaltezca.

Un espíritu de tormento produce:

- ✓ Temor y miedo.
- ✓ Enfermedades espirituales, son aquellas que ningún médico puede diagnosticar porque son situaciones ancestrales que a veces son por pecados de iniquidad.
- ✓ Opresión y depresión.

Algunos textos con relación a esta clase de espíritus son:

2 Timoteo 1:7; Hechos 10:38; Isaías 60:1

Todo esto es lo que te ayudará a discernir los espíritus con los que en algún momento podrías enfrentarte.

2.- Espíritus inmundos

Este opera a través de ataduras y adicciones y su propósito es hacer inmunda a la persona.

Marcos 5:1-2 Y llegaron al otro lado del mar, a la tierra de los gadarenos. ² Y cuando El salió de la barca, enseguida vino a su encuentro, de entre los sepulcros, un hombre con un **espíritu inmundo...**

- ✓ Distorsiona su estilo de vida.
- ✓ Problemas sexuales: prostitución, pornografía, homosexualismo
- ✓ drogadicción, alcoholismo, lascivia.

Algunos pasajes con relación a esta clase de espíritus son:

Marcos 1:23, 3:11, 5:2-8, 7:25; Hechos 5:16, 8:7

3.- Espíritus malos

Este espíritu es el que causa dolor, sufrimiento al alma, hace llorar, clamar de angustia.

1 Samuel 18:10 Y aconteció al día siguiente que un espíritu malo de parte de Dios se apoderó de Saúl, y éste deliraba en medio de la casa...

- ✓ Maldades
- ✓ Maligno
- ✓ Celos
- ✓ Muerte

Algunos pasajes con relación a esta clase de espíritus son:

1 Samuel 16:14-16 y 23, 18:10, 19:9; Hechos 19:12-16

Recuerda que Dios es juez justo, entonces, para que un espíritu malo se levante en contra de una persona, es porque el reino de las tinieblas presentó argumentos legalmente espirituales en contra de alguien y al encontrar valedero el argumento, Dios autoriza el derecho para que fuera atormentado. Ten siempre presente que de Dios nunca sale nada malo, pero puede autorizar lo que le soliciten en base a argumentos legales espirituales.

En resumen, estos espíritus producen efectos negativos para afectar las áreas de la vida de una persona, áreas que son de mucha importancia.

- ✓ El primero tiene como tarea remover la paz, es el espíritu de tormento.
- ✓ El segundo tiene como tarea atar al creyente, este es el espíritu inmundo.

✓ El tercero tiene como tarea llevar a la persona a un estado de sequedad espiritual, este es el espíritu malo.

Hasta aquí la diferencia entre varios espíritus, pero también debes saber que existen 13 estructuras de espíritus inmundos y cada estructura tiene 13 espíritus inmundos, porque es una cadena de operación de las tinieblas que está debidamente ordenada para combatir la vida del cristiano primero, pero también la vida de cualquier otra persona.

Ángeles Caídos

Tiempos de la rebelión angelical:

Apocalipsis 12:4 (LBA) Su cola arrastró la tercera parte de las estrellas del cielo y las arrojó sobre la tierra. Y el dragón se paró delante de la mujer que estaba para dar a luz, a fin de devorar a su hijo cuando ella diera a luz.

Génesis 6:2 (LBA) ...los hijos de Dios vieron que las hijas de los hombres eran hermosas, y tomaron para sí mujeres de entre todas las que les gustaban.

Judas 1:6 (LBA) Y a los ángeles que no conservaron su señorío original, sino que abandonaron su morada legítima, los ha guardado en prisiones eternas, bajo tinieblas para el juicio del gran día.

Esta es la idea de rebeliones de ángeles caídos.

Su modus operandi es el siguiente:

- ✓ No posesiona porque se limitan en espacio.
- ✓ Sólo influencian su rebelión.
- ✓ Ponen cobertura de manipulación y rebelión.
- ✓ Actúan como una serpiente que inocula veneno.
- ✓ Aunque pueden entrar en el cuerpo, alma y espíritu, no es esa su meta.

Es importante saber que, basado en todo esto, me es menester saber que la guerra espiritual contra un ángel caído no es liberación de los cuerpos humanos porque no necesariamente viven o toman cuerpos. También es necesario discernirlos porque se disfrazan como ángeles de luz.

2 Corintios 11:14 Y no es de extrañar, pues aun Satanás se disfraza como ángel de luz.

Por eso la necesidad de discernir a los ángeles de Dios y los de Satanás; ¿por qué viene la rebelión?, porque hay una amargura, ¿por qué hay amargura?, porque hubo una injusticia. Entonces, un ángel caído ve a una persona padeciendo una injusticia, lo que hace es extender su influencia de amargura para tenerlo en un círculo vicioso y vaya de amargura en amargura contra cualquier figura de autoridad.

Para que aquella persona salga de esa situación, lo primero es que debe perdonar, cuando perdona se libera y el ángel caído deja de tener influencia sobre esa persona; la amargura deja de tener lugar en esa vida y la injusticia que había, no la seguirá recordando con deseo de venganza sino que, ahora se la entrega a Dios porque la Biblia dice que Suya es la venganza.

El Discernimiento De Los Ángeles

El don de discernimiento de espíritus

Es necesario que tengas el don de discernimiento de espíritus, si aún no lo tienes, es necesario clamarle a Dios para que te lo envíe sobre tu vida, mientras tanto será necesario discernir en base a conocimiento y experiencia:

1 Corintios 12:10 ...a otro, el hacer milagros, y a otro, profecía; a otro, **discernimiento de espíritus**; a otro, diversos géneros de lenguas; y a otro, interpretación de lenguas.

El discernimiento producto del conocimiento y la madurez:

Filipenses 1:9 Y esto pido en oración, que vuestro amor abunde aún más y más en **conocimiento y en todo discernimiento...**

Hebreos 5:14 ...mas el alimento sólido es para los que han alcanzado madurez, para los que por el uso tienen los sentidos ejercitados en el **discernimiento del bien y el mal.**

No obstante que en conocimiento y madurez puedas adquirirlas en base a lo que has experimentado, también debes reconocer que eso Dios te lo ha permitido, de otra manera no sería posible que lo tuvieras, por lo tanto, no es que lo pretendas hacer por cuenta propia, de alguna manera también es algo que tienes de parte de Dios. Este discernimiento puede servirte también en comprender lo siguiente:

Conocer los 3 grupos de ángeles

- ✓ Los que están activos en el reino de Satanás. **(Apocalipsis 12:4)**

- ✓ Los que están prisioneros en el Tártaro. **(2 Pedro 2:4)**

✓ Los que permanecen con Dios. (**Apocalipsis 12:7**)

A esto le puedo añadir que en el Antiguo Testamento hay testimonio de ángeles que se presentaron en forma de hombres y los reconocieron:

Ángeles que se presentaron en forma de hombres

✓ **Génesis 18:2** Tres seres angelicales se le aparecen a Abram.

✓ **Génesis 19:1** Seres angelicales llegan con Lot.

✓ **Génesis 32:1** Seres angelicales se le aparecen a Jacob mientras huía de Esaú.

✓ **Hebreos 13:2** Seres hospedados en los hogares.

Por eso es sumamente importante que tengas el don de discernimiento de espíritus el cual es una dádiva que viene de Dios el cual es necesario que lo tengas activo y ejercitado por cuanto eres miembro del ejército de guerreros de Dios.

Respuesta 3: Mundo Luzbeliano.___

- ✓ **¿Cuál es la meta de un demonio?**

Respuesta 1: Vivir todo el tiempo posible en el cuerpo.___

Respuesta 2: Matar a quien poseen o lo endemonian.___

Respuesta 3: Esconderse para no ser descubierto por nadie.___

- ✓ **¿Cada vez que en el Nuevo Testamento se habla de un DEMONIO, se utiliza una palabra específica, podría definirla?**

Respuesta 1: Poseído.___

Respuesta 2: Zarandeado.___

Respuesta 3: Asustado.___

- ✓ **¿Cada vez que en el Nuevos testamento se habla de un espíritu inmundo se usa** una palabra específica, podría definirla?

Respuesta 1: Atormentado.___

Respuesta 2: Endemoniado.___

Respuesta 3: Satanizado.___

- ✓ **Un cristiano puede ser endemoniado en el cuerpo y en el alma, pero no POSESIONADO, ¿cuál es el derecho que el diablo utiliza para endemoniar a un cristiano?**

Respuesta 1: Pecado no confesado.___

Respuesta 2: No cree en los demonios.___

Respuesta 3: No va a la iglesia frecuentemente.___

- ✓ **¿Si nos tocara liberar a alguien de un principado, a donde lo enviaríamos?**

Respuesta 1: Al pozo del abismo.___

Respuesta 2: A los pies de Cristo.___

Respuesta 3: A un animal feroz.___

✓ **De las 3 entidades mencionadas anteriormente, es decir, ángeles caídos, demonios y espíritus inmundos, ¿cuál de las 3 entidades no necesitan entrar en el cuerpo para influenciar a las personas o creyentes?**

Respuesta 1: Los demonios.____

Respuesta 2: Los ángeles caídos.____

Respuesta 3: Espíritus inmundos.____

La Palestra
(Lenguaje, manifestaciones y señales en la palestra de liberación)

Capítulo 6

En este capítulo complementaré lo que viste en el capítulo anterior con lo cual es necesario que aprendas lo que es el lenguaje, las manifestaciones y señales propias en la palestra de la liberación; aquí estaré mostrándote un segmento más práctico de la escuela de guerra espiritual con el propósito que, en el momento de estar en plena liberación, sepas a qué se pueden referir aquellas cosas que manifiesta la persona que estás atendiendo.

A continuación podrás ver el versículo que usaré como base para lo que empezaré a exponer:

Apocalipsis 12:7 (LBA) Entonces hubo **guerra** en el cielo: Miguel y sus ángeles **combatieron** contra el dragón. Y el dragón y sus ángeles **lucharon** *(Batalla)*…

Al hablar de guerra espiritual debes estar consciente que tiene 3 planos, según pudiste verlo en este versículo.

Los 3 Planos de Polemos

La palabra **polemos** es un término griego, es la palabra que normalmente lees como luchas, en plural.

POLEMOS G4171: está enfocada en 3 niveles los cuales revelan la confrontación de 2 poderes en una serie.

✓ **Guerra:** es la cabeza de la confrontación, son las estrategias en los cielos.

✓ **Batalla:** son los enfrentamientos colectivos, es plural y son varios los participantes en la Iglesia, es cuando has tenido la oportunidad de predicar o enseñar desde un púlpito o en un discipulado donde hay varias personas y al final de la enseñanza ministras la palabra que has enseñado; en ese momento hay liberación, hay confrontación colectiva donde puede darse la liberación de algunas personas.

✓ **Combate:** esto es de cuerpo a cuerpo, hay contacto directo, es privado en una habitación, lo que tiene lugar en medio de una ministración al alma.

Esto es como la base bíblica que confirma que debemos aprender la guerra espiritual la cual también puedes verla en la siguiente cita:

Jueces 3:1-2 Y estas son las naciones que el SEÑOR dejó para probar con ellas a Israel, es decir, a los que no habían experimentado ninguna de las guerras de Canaán ² (esto fue solo para que las generaciones de los hijos de Israel conocieran la guerra, aquellos que antes no la habían experimentado)...

El mundo espiritual es muy exigente, y se rige por 2 principios:

✓ **Leyes jurídicas:** el régimen de los derechos espirituales, son las leyes que entran al escenario y donde el reino de las tinieblas argumentan, cuando detectan un pecado no confesado, entonces tienen el derecho para solicitar en la corte celestial, para hacer batalla contra un cristiano.

✓ **Mayor conocimiento:** entre más se conoce, más eficiente puede ser la autoridad que tengas; dicho en otras palabras, puedo decir que todo aquello que desconoces, puede dañarte, por eso dice la Biblia lo siguiente:

Oseas 4:6 (LBA) Mi pueblo es destruido **por falta de conocimiento**. Por cuanto tú has rechazado el conocimiento, yo también te rechazaré para que no seas mi sacerdote; *como* has olvidado la ley de tu Dios, yo también me olvidaré de tus hijos.

Los Equipados

El equipamiento te sirve para comprender lo que se puede hacer y lo que no debes hacer en la liberación.

- ✓ El factor ignorancia es la base de la derrota en las batallas.

- ✓ La lucha contra las fuerzas de maldad no se debe realizar en ignorancia.

- ✓ Se requiere de la preparación de tu vida.

- ✓ No imitar la guerra espiritual.

- ✓ Nunca confrontes poderes sin comprender los rangos.

- ✓ Nunca hagas la guerra sólo por impartición y sin entrenamiento.

Marcos 16:17-19 (LBA) Y estas señales acompañarán **a los que han creído**: en mi nombre echarán fuera demonios, hablarán en nuevas lenguas; ¹⁸ tomarán serpientes en las manos, y aunque beban algo mortífero, no les hará daño; sobre los enfermos pondrán las manos, y se pondrán bien. ¹⁹ Entonces, el Señor

La Palestra (Lenguaje, manifestaciones y señales)

Jesús, después de hablar con ellos, fue recibido en el cielo y se sentó a la diestra de Dios.

✓ Nunca vayas a expulsar demonios, sin antes examinar la estrategia que se usará.

✓ Nunca hagas la guerra si tienes áreas o pecados en tu vida, por eso antes de iniciar una liberación debes suplicarle al Espíritu Santo que te muestre si hay pecado escondido en tu alma y de ser así, confesarlo, apartarte si es que no has notado cuál es el verdadero problema para entonces alcanzar misericordia, y entonces, estar solvente para entrar a la confrontación.

✓ Nunca vayas a la guerra sin tener un estilo de vida devocional o sea, tener comunión íntima y constante con Dios porque debe haber una relación genuina sin caer en religiosidades porque también debes saber que en el momento de las liberaciones se mueven ángeles de parte de Dios y potestades de parte de las tinieblas.

✓ Nunca vayas a la guerra sin haber comprendido claramente los pasajes que hablan de expulsión de demonios que realizó el Señor Jesucristo.

✓ Nunca vayas solo a la guerra si no estás convencido que Dios va contigo; por supuesto que podría acompañarte una o varias personas más, pero sobre todo quien debes estar seguro que te acompaña en una liberación, es Dios.

Todas estas recomendaciones son necesarias para no subestimar al enemigo, porque ellos son expertos en guerra espiritual. Con todo esto tampoco estoy diciendo que sea lo único que debas hacer, porque el aprendizaje es constante y siempre hay algo nuevo que debes aprender por eso desde el principio dije que existía la cosmovisión nueva y fresca de la cual es necesario que estés pendiente de recibir de parte de Dios. El problema con pretender saberlo todo y estar siempre con una misma lección aprendida de memoria, es que los espíritus inmundos y demonios notarán que no hay un verdadero guerrero de Dios en la batalla y pretenderá engañarte con nuevas estrategias; pero más que eso, estarías desagradando al Espíritu Santo porque al estar aplicando siempre el mismo método, es como que le estuvieras cerrando las puertas a Dios y decirle que ya sabes cómo resolver los problemas de liberación; ahí es donde las tinieblas tomarán ventaja sobre tu estrategia.

Efesios 6:12 (Amplificada) Porque no luchamos con carne y sangre (contendiendo solamente con oponentes físicos), pero contra los despotismos, contra los poderes, contra (**los espíritus que son maestros o expertos**) los gobernantes mundiales de esta oscuridad presente, contra las fuerzas espirituales de maldad en la esfera celestial (sobrenatural).

No puede ser posible que si las potestades de las tinieblas son expertos; tú siendo hijo de Dios, siendo siervo de Dios, siendo un combatiente de liberación de Jehová de los ejércitos o como dijo David cuando escuchó de Goliat:

1 Samuel 17:26 (LBA) Entonces David habló a los que estaban junto a él, diciendo: ¿Qué harán por el hombre que mate a este filisteo y quite el oprobio de Israel? **¿Quién es este filisteo incircunciso para desafiar a los escuadrones del Dios viviente?**

1 Samuel 17:45 (LBA) Entonces dijo David al filisteo: Tú vienes a mí con espada, lanza y jabalina, pero **yo vengo a ti en el nombre del SEÑOR de los ejércitos, el Dios de los escuadrones de Israel**, a quien tú has desafiado.

David estaba enfrentando a Goliat con la convicción que él, o sea David, sería el vencedor sobre Goliat, estaba seguro de ser miembro activo, preparado, equipado como parte de los escuadrones del Dios viviente, del Señor de los ejércitos con la estrategia necesaria para regresar de la batalla en calidad de vencedor. Así mismo debes estarlo tú al ser experto de guerra espiritual en estrategias actualizadas hoy en día porque estás en constante comunión con Dios.

Refiriéndome a lo que dice **Efesios 6:12** en la **Biblia Amplificada**, podría decir lo siguiente:

- ✓ Luchas contra poderes de espíritus que son maestros o expertos, obviamente en maldad.

- ✓ Experiencia que data de más de 6,000 años desde la caída del hombre, hasta hoy, eso en el caso de los espíritus inmundos.

- ✓ Experiencia que data de millones y hasta billones de años, en el caso de los ángeles caídos y demonios. Por supuesto que no existe un dato específico que avale el año en que existió el mundo luzbeliano, solamente tenemos cierto conocimiento al decir que existió antes del mundo adámico del cual tampoco hay un dato exacto de cuánto tiempo estuvo vigente. Del mundo cuando estuvo Noé, es de donde se tiene un dato aproximado y que a partir del diluvio cuando murió casi toda aquella humanidad porque

La Palestra (Lenguaje, manifestaciones y señales)

solamente se salvó Noé y su familia; de aquella mortandad que dejó el diluvio es de donde vienen los espíritus inmundos, porque le dieron la espalda al mensaje que Noé les predicó, lo cual era el mensaje del Señor Jesucristo.

Por eso debes ver un escenario bíblico que contiene principios que hay que considerar para saber qué hacer y qué no hacer, estar conscientes de que pueden haber demandas legales espirituales contra ti o en contra de alguien del grupo de liberación que te acompañe y por supuesto de la persona a la que se está liberando. Por eso es muy importante la ministración al alma donde aquella persona que estás ministrando debe abrir totalmente su corazón para botarle al adversario la posibilidad de cualquier demanda legal espiritualmente hablando.

Un punto de suma importancia es el hecho de no entrar a una liberación si no tienes una vida de oración a Dios, si no la tienes, será una desventaja contra ti y una ventaja para el reino de las tinieblas. Otro punto que debes considerar como importante es que no debes ministrar mujeres y tu esposa no debe ministrar hombres; por supuesto que el equipo que te acompañe igualmente deben ser todos hombres en el caso que estés ministrando un hombre y en el caso de tu esposa debe tener en su equipo de liberación solamente mujeres para ministrar una mujer. Esto te ayudará a tener siempre la puerta cerrada a cualquier manipulación del enemigo sea esta emocional o sentimental o activar algo que esté latente que no se ha sojuzgado a los pies de Cristo, con eso te evitarás muchos problemas porque en la actualidad hay muchos pastores o líderes dentro de la Iglesia que han ministrado mujeres y eso los ha llevado a caer en pecado de adulterio o fornicación.

Recuerda lo que dice **Efesios 6:12** en la **Biblia Amplificada**, son espíritus maestros o expertos, por supuesto que expertos en maldad obviamente donde saben como tentar a cualquier persona; no estoy magnificando la obra de las tinieblas, pero tampoco puedo pasar por alto la posibilidad que puede existir en los diferentes escenarios que pueden presentarse en una liberación.

Hechos 19:11-12 Dios hacía milagros extraordinarios por mano de Pablo, [12] de tal manera que incluso llevaban pañuelos o delantales de su cuerpo a los enfermos, y las enfermedades los dejaban y **los malos espíritus** se iban de ellos.

En Hechos capítulo 19 está la fórmula o el manual de batalla espiritual podría decir; es

La Palestra (Lenguaje, manifestaciones y señales)

extremadamente interesante que contiene un escenario de cosas espirituales que se despliegan en una batalla; por supuesto que aquí está refiriéndose al momento en que daba sus primeros pasos la Iglesia de Cristo sobre la Tierra.

Lamentablemente, cada vez que se deja ver el poder de Dios en una guerra espiritual, surgirán los grupos que desean ese poder pero sin tener la correspondiente preparación.

Hechos 19:13-16 Pero también algunos de los judíos, **exorcistas ambulantes**, trataron de invocar el nombre del Señor Jesús sobre los que tenían espíritus malos, diciendo: Os ordeno por Jesús, a quien Pablo predica.**14** Y siete hijos de un tal Esceva, uno de los principales sacerdotes judíos, hacían esto. **15** Pero el espíritu malo respondió, y les dijo: A Jesús conozco, y sé quién es Pablo, pero vosotros, ¿quiénes sois? **16** Y el hombre en quien estaba el espíritu malo se lanzó sobre ellos, y los dominó y pudo más que ellos, de manera que huyeron de aquella casa desnudos y heridos.

Aquí quiero resaltar que el obrero o ministro de liberación no es un exorcista ambulante; el exorcista es alguien que usa métodos por medio de amuletos como el llamado rosario, la llamada agua bendita, cruces, hacen conjuros, hablan lecciones aprendidas en latín, etc., todo eso es parte del exorcismo, mientras que tú siendo capacitado a la luz de la palabra de Dios y con el poder de Jesús, con el poder de Su sangre salimos a la batalla; por supuesto que vas con el equipamiento el cual forma parte de ese discernimiento por conocimiento y experiencia que, como recordarás, también lo describimos en la Biblia.

En la cita de **Hechos 19:13-16** puedes ver claramente que eran 7 hijos de uno de los principales sacerdotes; posiblemente el sacerdote tenía la unción de liberación y sus hijos pretendieron hacer lo mismo pensando que podían hacerlo por herencia y quisieron mejorar su método diciendo que lo que estaban haciendo era en el nombre de Jesús y le añadieron el nombre de Pablo, lo cual estuvo totalmente erróneo porque el poder viene de Dios y es por El que la gente es liberada no por el nombre de hombre alguno; en el momento que la liberación es trastocada deja de accionar la unción que Dios pudo enviar lo cual es pretender que los demonios huirán al nombre de un hombre.

El Sistema de Comunicación Del Mundo de Los Espíritus

El sistema de comunicación del mundo de los espíritus es muy complejo y abordaré uno específicamente que se utiliza en el plano de la liberación, lo cual me lleva a explicar a grandes rasgos otras formas de comunicarse que tienen los espíritus inmundos.

El Sistema De Comunicación

Una cita bíblica que permite ver que en el mundo espiritual de las tinieblas existen lenguajes y que es necesario que por lo menos tengas lo básico para que vaya evolucionando ese conocimiento, está en el siguiente versículo:

1 Corintios 14:10 (RVA) Hay, por ejemplo, tanta diversidad de idiomas en el mundo; y ninguno carece de significado.

Viéndolo de forma muy superficial, parecería que en la Tierra hay muchos idiomas, pero cuando vemos lo que significa la palabra mundo, está refiriéndose a otra cosa más amplia porque entonces podría decir que eso incluye el mundo espiritual.

Mundo: G2889 kósmos significa: orden, universo, mundo.

1 Corintios 14:10 (Wuest) Tantos tipos de voces, existen en el mundo, y ninguno está sin su significado particular. Por lo tanto, si no conozco el significado de la voz, seré para el que habla una persona que emite sonidos confusos e incomprensibles, mera jerga, y el que habla será para mí tal persona también.

1 Corintios 14:10 (SSE) Tantos géneros de voces, por ejemplo, hay en el mundo, y nada hay mudo…

Cada voz lleva un mensaje porque la voz es el vehículo del espíritu, cuando el Apóstol Pablo habló de las voces, se refirió a ellas como género de voces que llevan un mensaje pero no es un idioma común y corriente como el que conoces.

1 Corintios 13:1 Si yo hablase lenguas humanas y angélicas, y no tengo caridad, vengo á ser como metal que resuena, ó címbalo que retiñe.

Este versículo muestra la evidencia de que hay un lenguaje diferente en el mundo espiritual, lenguas de hombres y de ángeles; esto sugiere que aquellos que hablan en lenguas podrían estar usando idiomas terrenales y angelicales.

Lo que Dios desea es que en el equipamiento puedas ver cómo se comunican los espíritus inmundos entre ellos y que puedas tener la oportunidad de descifrar el mensaje, porque en una liberación existen inclusive lenguas demoníacas que incluso, hace que el libertador se confunda y piense que aquella persona ya fue liberada y que está hablando en lenguas angelicales de parte de Dios, cuando la verdad es que podría estar lanzando una maldición.

Por eso es que previo a una liberación, es necesario que la persona haya tenido la oportunidad de la ministración de su alma, no solamente el hecho de confesar uno o más pecados, sino que, también cosas que esa persona pueda saber respecto a sus ancestros porque cuando todo aquello es confesado y sale a la luz de Jesús, en ese momento se le está quitando autoridad al enemigo y eso te permite hacer un esquema de liberación. Puede haber eventos de mucha dificultad, poderlos confesar como es una violación en la niñez, entonces la persona empieza a formar el esquema y ya sabe la persona contra qué se puede enfrentar.

Cuando estás formando el esquema con los datos que la persona te está revelando, debes preguntar en el caso de una violación, si se conoce el nombre de la persona para que puedas anotar que además de saber que es un espíritu de violación, también tiene nombre propio con el nombre de aquella persona. Por otro lado, si continúas indagando y llegas al punto de detectar la operación de un demonio, también es necesario identificar el nombre de aquel demonio.

Otra cosa que debes tener en cuenta es que, en algún momento el espíritu podría empezar a hablar en otras lenguas, es porque está tratando de que no llegues a la confrontación del demonio que es el principado que esté estorbando aquella vida. Si tienes el esquema y no has llegado a donde tenías que llegar, lo que el espíritu inmundo quiere es confundir, interrumpir y así afectar la liberación lo cual es muy común cuando se carece del conocimiento correspondiente acerca del lenguaje con el que se comunican en el reino de las tinieblas los espíritus inmundos.

Aquí surge otro punto el cual es, ¿cómo discernir las lenguas del Espíritu si no hablas lenguas?, por eso, si aún no hablas en lenguas, debes anhelarlo porque es parte de las evidencias de la llenura del Espíritu Santo en tu vida. Es por eso que, si no tienes una vida devocional, una vida de escudriñar la Biblia, ¿cómo podrías salir a la batalla?, porque no podrás decretar si no conoces. Cuando decretas, estás removiendo los derechos legales que el enemigo ha puesto sobre una persona o que cree tener porque la Biblia dice que Satanás es padre de toda mentira, entonces a través de mentiras buscará la forma de avanzar en lo que hace, pero si tú conoces en lo que la Biblia te habilita para anular los decretos contrarios por los pactos que aquella persona hizo en ignorancia o que le hayan pactado sus ancestros, tus decretos serán efectivos en el ámbito espiritual.

Por supuesto que no estoy hablando de que te vuelvas una persona mística o que te vayas a creer muy espiritual y que digas que ya lo conoces todo porque en Dios no hay límites, siempre habrá algo que necesites conocer o desarrollar de una mejor forma los dones que puedas tener como el hecho de hablar en lenguas porque si no has fluido adecuada o frecuentemente, podría decir que no estás debidamente ejercitado y podrías no detectar cuando son lenguas falsas o lenguas que son demoníacas; necesitas estarte ejercitando constantemente para tener la sensibilidad necesaria de parte de Dios ante el mundo espiritual que te rodea y saber cuándo el enemigo está detrás de una operación de engaño porque tienes el modelo original de parte de Dios.

Por supuesto que aunado al don de discernimiento de espíritus, deberías tener también el don de lenguas y el de interpretación de lenguas porque es parte de ese equipamiento que necesitas como un obrero de liberación de espíritus inmundos y demonios. Un punto que no puedo dejar de mencionar respecto a los dones es que, si bien es cierto que es el Espíritu Santo el dador de los dones espirituales, también es cierto que necesitas sumergirte en un ámbito de oración suplicando por la ministración a tu vida respecto a los dones del Espíritu porque la oración es como la llave que te abre la puerta al mundo espiritual donde podrás experimentar los dones descritos en la Biblia que llegan a ti por medio de la intercesión; por eso es muy importante que consideres el hecho de volverte una persona de oración en todo momento porque es tu comunión o comunicación con Dios la que te conducirá a la victoria en el nombre de Jesús.

También debes estar activado para discernir las visiones que Dios te permitirá experimentar donde verás la forma en que podrás liberar a la persona que estás ministrando, por supuesto que sobre todo será por la ayuda del Espíritu Santo. Recuerda que la autoridad no está en el tono de grito que puedas dar en una liberación, sino en la autoridad que puedas tener y respaldada por todo el equipamiento que hayas alcanzado; entonces los demonios huyen porque detectan la autoridad que has alcanzado a través de esa vida devocional que tienes con Dios porque definitivamente tu vida no puede ser la misma cuando te dispones a tener intimidad con Dios, diría que automáticamente te alejas de las cosas que no son espiritualmente productivas y las desechas porque no les encuentras sentido.

El Lenguaje de Los Habitantes Del Segundo Cielo

En esa dimensión la forma de comunicación es totalmente diferente a la que estás acostumbrado a escuchar, es decir, no es verbal a tu forma de hablar o gramatical.

- ✓ Es a través de sensaciones, de miradas, de pensamientos y telepáticamente (telepatía: transmisión de contenidos entre entidades sin intervención de agentes físicos).

- ✓ Ahí la comunicación entre entidades se proyecta también en ondas de pensamiento que el humano no es capaz de captar sin los dones espirituales dados por Dios.

- ✓ Está es la razón por la que Dios en Su palabra te habla de dones espirituales, por ejemplo, el don de discernimiento de espíritus y el don de hablar en lenguas angelicales.

1 Corintios 12:10 …a otro, poder de milagros; a otro, profecía; a otro, **discernimiento de espíritus**; a otro, **diversas clases de lenguas**, y a otro, interpretación de lenguas.

Todo esto sería hasta llegar al lenguaje corpóreo para la guerra espiritual y que puedas discernirlo porque la forma en la que se comunican en el mundo espiritual de las tinieblas es muy compleja.

A todo eso, debes saber que en la Biblia puedes encontrar lo que viene a ser el lenguaje corpóreo en la guerra espiritual; no solamente te hace diestro para el manejo de las armas de luz, sino que, hay algo profundo en el lenguaje que utiliza.

Salmo 144:1 (LBA) Bendito sea el SEÑOR, mi roca, que adiestra mis **manos** para la guerra, y mis **dedos** para la batalla.

Podrías pensar que está refiriéndose a la forma de tomar una flecha y tensarlo para lanzar la flecha, pero realmente hay una enseñanza profunda de un lenguaje corpóreo, por eso es necesario describir lo que significa manos y dedos en el lenguaje hebreo:

El Sistema De Comunicación

Los dedos

La palabra dedos viene de una palabra que significa **huestes**.

Huestes en hebreo es un término que se pronuncia **tsaba** y su código de Strong es **H6635**.

Significa: **ejército, guerra**.

Dedos en hebreo es un término que se pronuncia **etsba**, su código Strong es **H0676**.

Todo esto es de suma importancia que lo sepas porque los términos hebreos tienen muchos significados que abren una panorámica muy amplia por la raíz de aquella palabra que puedas estar estudiando, por ejemplo, las palabras que en español conoces como generación, genealogía, genética, etc., tienen su origen en el prefijo gen, pero realmente esa es su raíz, lo mismo puedes ver en la palabra **huestes** en hebreo se pronuncia **tsaba** mientras que la palabra **dedos** en hebreo se pronuncia casi igual, **etsba**, porque tienen una derivación.

De manera que los dedos son más que eso cuando se refiere a guerra cósmica espiritual.

Cuando Dios quiere que participes en una guerra espiritual siendo parte de Su ejército, ocupa tus dedos, por lo tanto es algo que habla de lenguajes, manifestaciones y señales en la palestra de liberación.

Éxodo 8:19 Entonces los magos dijeron a Faraón: **Este es el dedo de Dios**. Pero el corazón de Faraón se endureció y no los escuchó, tal como el SEÑOR había dicho.

Lucas 11:20 Pero si yo por **el dedo de Dios** echo fuera los demonios, entonces el reino de Dios ha llegado a vosotros.

Con estos versículos puedes ver entonces que, en **Éxodo**, los magos estaban refiriéndose a las huestes de Dios, igualmente en **Lucas**, Jesús hablando dice que El por las huestes de Dios echa fuera demonios, eso deja ver claramente que en una liberación no eres tú el que echa fuera demonios, sino que, es Dios a través de Sus huestes para tomar la entidad de las tinieblas que tiene estorbada a una persona; es una confrontación de poderes, de entes invisibles, por lo tanto puedes ver que también testifica de la autoridad de Dios cuando es delegada y que te respalda.

Señales De Mano

Puedo decir que es necesario que en una liberación debe haber más de una persona, por eso debe ser un grupo de liberación para que uno atienda un asunto específico y otro atienda otra cosa; es muy difícil que una sola persona pueda notar todo lo que se manifiesta en una liberación como podría ser el hecho de estar atento a la voz, a los ojos, las señales que hacen con las manos, ver que la persona no se golpee, etc., por eso el equipo de liberación es muy importante y que sea uno el que comande al grupo. Lo que he podido notar es que las personas en su manifestación de liberación, utilizan las manos y aún los pies haciendo señales al mundo espiritual.

1.- ESPÍRITU CÍCLICO

- ✓ Indica que se puede operar cíclicamente en la persona.
- ✓ Que la persona tiene batallas y problemas cíclicos.
- ✓ Esto indica que va a salir sin ofrecer resistencia pero volverá.

Lucas 11:24-26 Cuando el espíritu inmundo sale del hombre, pasa por lugares áridos buscando descanso; y al no hallarlo, dice: "Volveré a mi casa de donde salí." [25] Y cuando llega, la encuentra barrida y arreglada. [26] Entonces va y toma consigo otros siete espíritus peores que él, y entrando, moran allí; y el estado final de aquel hombre resulta peor que el primero.

Cuando un endemoniado que está en una manifestación hace una seña como la que muestra la imagen, está lanzando una señal diciendo que es un espíritu cíclico, la persona donde está morando tiene episodios repetitivos de aquella situación de tormento. Por supuesto que no solamente puede tener esa manifestación, sino que, también puede tener los ojos en color rojizo o ponerlos en blanco, pero el punto de la mano es muy específico al espíritu cíclico.

2.- INVOCACIÓN DE PODER

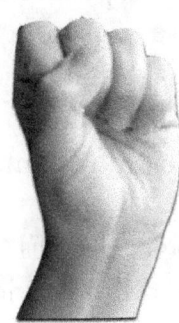

- ✓ Está es una invocación de solicitud de poder, incluso en las manifestaciones de socialismo, comunismo, rebelión, anarquía.

La Palestra (Lenguaje, manifestaciones y señales)

- ✓ El espíritu inmundo pide que vengan a fortalecerlo; de manera que es de lo más común que podrías ver en una manifestación de liberación porque para ese momento la entidad ya sintió la unción que puedes tener y lo que hacen es hacer que la persona cierre la mano porque eso significa invocación de solicitud de poder de parte de otras entidades, está pidiendo que lo ayuden.

- ✓ El reino de Satanás no tolera división pero opera en división, su primer mandato es dividir.

Mateo 12:25-26 Y conociendo Jesús sus pensamientos, les dijo: Todo reino dividido contra sí mismo es asolado, y toda ciudad o casa dividida contra sí misma no se mantendrá en pie. ²⁶ Y si Satanás expulsa a Satanás, está dividido contra sí mismo; ¿cómo puede entonces mantenerse en pie su reino?

Marcos 3:24-26 Y si un reino está dividido contra sí mismo, ese reino no puede perdurar. ²⁵ Y si una casa está dividida contra sí misma, esa casa no podrá permanecer. ²⁶ Y si Satanás se ha levantado contra sí mismo y está dividido, no puede permanecer, sino que ha llegado su fin.

Lucas 11:17-18 Pero conociendo El sus pensamientos, les dijo: Todo reino dividido contra sí mismo es asolado; y una casa dividida contra sí misma, se derrumba. **18** Y si también Satanás está dividido contra sí mismo, ¿cómo permanecerá en pie su reino? Porque vosotros decís que yo echo fuera demonios por Beelzebú.

Cuando notas que está sucediendo tal cosa, debes desbaratarlo, si es posible abrirle la mano y ponerle aceite con la palma de la mano extendida sobre el piso, por supuesto que tampoco se trata de lastimar a extremo a la persona para no quebrarle un hueso. Si eso pasa por desapercibido, después habrá una fuerza que será más difícil controlarla. Es notorio cuando sucede porque aquel cuerpo que ha estado batallando y empieza a debilitarse, de pronto toma fuerzas nuevamente lo cual es la respuesta de haber pedido ayuda a otras entidades de las tinieblas.

Mi esposa tuvo una experiencia en la cual, en medio de una liberación de una mujer que había cometido adulterio y estaba junto a su equipo de liberación de ese momento que en total con mi esposa eran 6 personas. En medio de la manifestación, le preguntaron el nombre del hombre con el que había pecado, cuando aquella mujer responde señalando el nombre de la persona con la que había cometido adulterio; mi esposa separó el espíritu del hombre del espíritu de ella; esa persona levantó en el aire a todo el equipo de liberación y a mi esposa la quiso tomar del pelo, mi esposa quebrantó la manifestación de aquella persona para continuar con la liberación.

Comento esto porque es necesario que consideres cada detalle que surge en medio de una liberación, no puedes dejar pasar por desapercibido nada en absoluto porque las entidades de las tinieblas piden ayuda cuando sienten que están siendo vencidas y regularmente lo hacen con manos y pies. Pero también debes considerar el hecho de tener mucho cuidado para no lastimar a nadie.

Todo esto es importante que lo notes y tomes en cuenta para que no tengas ningún tipo de pérdidas, no seas vulnerable a un espíritu de contra golpe o un espíritu de venganza, represalias demoníacas, para que no pongan como una marca en el grupo de liberación y se sepa en el mundo espiritual que en aquel lugar la gente no sabe lo que hace; pero si consideras todo esto, entonces tu nombre y el nombre del grupo de liberación que esté apoyándote, estará en los libros de los cielos haciendo referencia como guerreros espirituales de parte de Dios, que están debidamente equipados e instruidos para liberación y todo lo concerniente a este tipo de cosas; es más, hasta en el abismo es conocido el nombre del guerrero espiritual de parte de Dios porque los espíritus inmundos llegan y comunican quién los echó fuera.

3.- ANUNCIA QUE TENDRÁ QUE SALIR

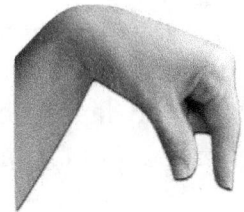

✓ El espíritu inmundo indica que ya comenzó a perder fuerza y que va a salir.

✓ Para que venga otro a continuar la batalla.

Lucas 8:27-28 ...y cuando El bajó a tierra, le salió al encuentro un hombre de la ciudad poseído por demonios, y que por mucho tiempo no se había puesto ropa alguna, ni vivía en una casa, sino en los sepulcros. **28** Al ver a Jesús, gritó y cayó delante de El, y dijo en alta voz: ¿Qué tengo yo que ver contigo, Jesús, Hijo del Dios Altísimo? **Te ruego que no me atormentes.**

Eso sucede cuando un espíritu inmundo ha sentido la autorización que Dios te ha delegado, la unción de Dios sobre ti, el conocimiento, el decreto, el poder que está ministrando un hombre o mujer de Dios confrontando y ordenando que salga fuera de aquella vida. De manera que en ese momento, el espíritu inmundo le está comunicando al mundo de los espíritus de las tinieblas que está saliendo porque lo están atormentando con cada palabra que pronuncias. Un punto que debes considerar aquí es que, si un espíritu inmundo sale por su propia cuenta, puede volver en cualquier momento porque se quedan en el ambiente, pero si eres tú quien lo expulsa y le da destino hacia donde va, entonces ese espíritu inmundo ya no tiene autorización de parte del reino de las tinieblas para poder entrar en aquella persona porque perdió la batalla.

Cuando ves ese tipo de manifestaciones con las manos, debes atar y ligar de pies y manos en el nombre de Jesús, para decirle que lo estás expulsando y que no se irá por su propia cuenta. Después de eso, entonces le ordenas que se vaya en el nombre de Jesús, amarrado al abismo.

4.- INDICA QUE HAY PACTO

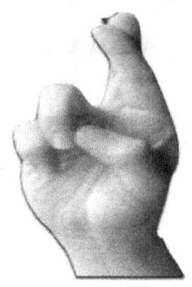

✓ Mientras no se rompe el pacto que haya hecho, no sale el espíritu inmundo. Por eso es que cuando estás liberando, jurídicamente en el mundo espiritual indicas que estás levantando los derechos legales espirituales y rompes ese pacto.

✓ Puede ser verbal, por acto sexual, etc. Esto lo he enseñado oportunamente, el sexo ilícito contamina espiritualmente a las personas, por supuesto que también puede haber una contaminación física, pero la que es más difícil de identificar o aceptar, es la contaminación espiritual.

Isaías 28:15-18 Porque habéis dicho: **Hemos hecho un pacto con la muerte**, hemos hecho un convenio con el Seol; cuando pase el azote abrumador, no nos alcanzará, porque hemos hecho de la mentira nuestro refugio y en el engaño nos hemos escondido. ¹⁶ Por tanto, así dice el Señor DIOS: He aquí, pongo por fundamento en Sion una piedra, una piedra probada, angular, preciosa, fundamental, bien colocada. **El que crea en ella no será perturbado**. ¹⁷ Pondré el juicio por medida, y la justicia por nivel; el granizo barrerá el refugio de la mentira, y las aguas cubrirán el escondite. ¹⁸ Y será abolido vuestro pacto con la muerte, vuestro convenio con el Seol no quedará en pie; cuando pase el azote abrumador, seréis su holladero.

Dios mismo diciendo que es el humano quien ha descubierto "algunos beneficios", de pactos que se hacen con la muerte, con entidades del reino de las tinieblas. Cuando hay un pacto de ese tipo entre un humano y las tinieblas, las tinieblas cumplirán hasta donde puedan, pero el humano también tiene que pagar algo, le demandarán algo a cambio de lo que le concedieron. Regularmente lo que Satanás pide es el alma, a veces se negocia con el alma de los primogénitos o de la tercer y cuarta generación que descenderá de aquel que negoció con Satanás.

En una liberación, cuando se discierne lo que ha sucedido pero también porque hay datos que se obtuvieron en la ministración al alma, que aquella persona pactó en ritmos, en ceremoniales que lo llevaron a tener cualquier tipo de poder o para tener dinero, etc., entonces estableció un pacto con las tinieblas, de manera que cuando se tiene lugar la liberación y empiezan a pasar las horas y no surgen los resultados esperados y de pronto aquella persona hace esa señal, está diciendo que ese espíritu no se va porque tiene un pacto con aquella persona.

Aquí es donde debe hacerse lo mismo que ya describí, ponerle aceite en la mano, extenderla con la palma en el piso, etc., pero también hacer volver a la persona en sí; decirle que le prohíbes la manifestación de ese espíritu inmundo y le ordenas a la persona a que vuelva en sí hablándole al alma a que vuelva para que al estar consciente aquella persona, decirle que debe romper con un pacto que hay en su vida, debe pedirle perdón a Dios, declarar que no quiere ese pacto, aunque a veces el espíritu inmundo vuelve a manifestarse pero tú como obrero de liberación, como guerrero de liberación debes prohibirle esa manifestación y evitar que diga que le pertenece aquella persona por el pacto que hizo, debes ordenarle que enmudezca el espíritu inmundo y volver a llamar en sí a la persona, que sea el alma de la persona que vuelva a estar consciente para renunciar a ese pacto para que aquella señal de la mano no vuelva a surgir.

5.- PUERTA ABIERTA GENERACIONAL

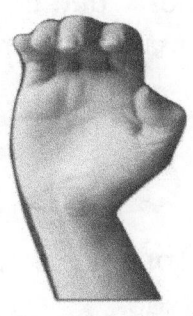

- ✓ Esta señal indica que hay una o varias puertas abiertas, es puerta generacional; por eso debe pedirse perdón por la iniquidad de los padres.

- ✓ También puede indicar que junto a él o ella, hay alguien con puerta abierta. Aquí el asunto se complica porque puede ser que alguien del equipo de liberación tenga una puerta abierta.

Números 14:18 El SEÑOR es lento para la ira y abundante en misericordia, y perdona la iniquidad y la transgresión; mas de ninguna manera tendrá por inocente al culpable; sino que **castigará la iniquidad de los padres sobre los hijos** hasta la tercera y la cuarta generación.

Lo que sucede en este caso es que, la persona que está siendo liberada, tuvo problemas por la herencia de un ancestro. Algunos no creen en este punto y argumentan muchas otras cosas, incluso dicen que no es posible que se le esté echando la culpa a un ancestro, pero realmente no es que se le eche la culpa a un familiar que nos antecedió hace muchísimos años, porque en todo caso, ellos también fueron víctimas por falta de revelación, esa revelación que hoy puedes tener por la misericordia de Dios y que El te ha escogido para detener esa transmisión generacional.

6.- INDICA MALDICIÓN

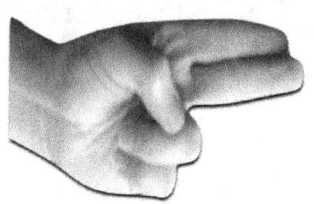

✓ Apunta con su dedo.

✓ Señala y envía la maldición.

✓ En vez de usar la voz, usa sus dedos.

✓ En lo espiritual es una manera de expresar lo que viene.

2 Samuel 21:20 Y hubo guerra otra vez en Gat, donde había un hombre de gran estatura que tenía **seis dedos en cada mano** y seis dedos en cada pie, veinticuatro en total; él también descendía del gigante.

✓ Este texto destaca los dedos de más en la mano de gigantes con la intención de notar su habilidad en la guerra con los dedos.

✓ Estratégicamente la Biblia deja ver que Jesús enseñó que él echa fuera los demonios por el dedo de Jehová.

Lucas 11:20 Pero si yo por **el dedo de Dios** echo fuera los demonios, entonces el reino de Dios ha llegado a vosotros.

7.- INDICA BLOQUEO MENTAL

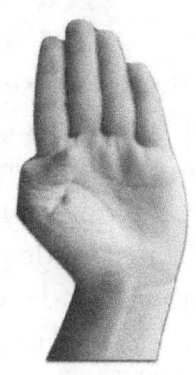

✓ No puede pensar en ese momento.

✓ No colabora porque su mente está bloqueada.

✓ El Apóstol Pablo habla de fortalezas mentales.

2 Corintios 10:4-5 …porque las armas de nuestra contienda no son carnales, sino poderosas en Dios para la **destrucción de fortalezas**; ⁵ destruyendo especulaciones y todo razonamiento altivo que se levanta contra el conocimiento de Dios, y poniendo todo pensamiento en cautiverio a la obediencia de Cristo…

He tenido casos en los que parecería que la persona se quedara con la mente en blanco, estoy con el equipo de liberación, se le habla a la persona y no responde. Cuando el espíritu inmundo pone la mano en la forma como puedes ver en este inciso, es porque le está enviando una señal a las entidades del reino de las tinieblas, pero muy especialmente a las que operan en el área de la mente, con el propósito que llegue a bloquearle la mente y es entonces cuando la persona tiene esa manifestación.

Debes recordar que las batallas mentales existen, esto lo he explicado oportunamente, aún en los libros que Dios me ha permitido escribir lo he hecho a detalle; pero quiero decirte que es muy fácil reconocer una batalla mental cuando está en el consciente, pero si esa situación deja de estar en el consciente a manera de bloquearlo, para empujar la información al subconsciente, entonces la persona no puede consigo misma sino que, empieza a manifestarse por medio de eventos que suceden pero el espíritu inmundo no quiere que se quede ahí, sino que, mientras está bloqueado el subconsciente, empuja más la información que ha podido trastocar en la persona, para que baje al inconsciente, de manera que el reino de las tinieblas puede operar en esa información, por ejemplo, las memorias del pasado, eventos traumáticos, etc., hace que vuelvan para que la persona tenga que revivir los eventos que sucedieron hace muchos años atrás como si los estuvieran viviendo en ese momento.

El bloqueo le permite al espíritu inmundo que la frecuencia de tu voz con lo que hayas decretado, no penetre los oídos y si penetra, no pueda ser procesados y no reciba el poder del decreto; por eso primero bloquean el consciente, como ya lo dije, para seguir empujando la información hasta lo más profundo.

Es interesante que la liberación de personas que manifiestan estas señales, son las que oportunamente practican el yoga, la meditación trascendental porque están muy familiarizadas con poner la mente en blanco y entrar en esos lapsos de trance y es muy frecuente que ese tipo de personas en las liberaciones, cuando logran comprender que el yoga es una de las armas que utiliza Satanás, porque se invocan espíritus, nombres de dioses de la India; en ese momento la persona se familiariza y se forman cadenas neuronales para esos ritos que vienen a convertirse en mapas cerebrales, entonces la persona entra luego a esos transes por la práctica que ha logrado desarrollar; en la liberación, cuando nota que aquello que había practicado no era de Dios, es cuando surge el bloqueo mental porque existe esa capacidad en la persona, de poder recibir la influencia de transe para que no entienda y no se permita que la persona alcance la liberación total.

8.- ENTRADA DE OTRA POTESTAD

✓ Indica que hay una oportunidad para entrar.

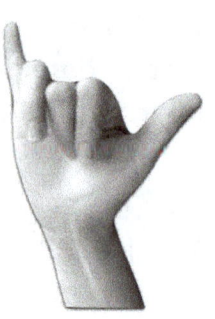

✓ Muchas veces puede ser por una confusión que se ha creado en el ambiente o en los obreros que están liberando.

✓ También porque reconocieron que ahí hay otra persona con la misma área de pecado en el ambiente.

Eclesiastés 10:8 El que hiciere el hoyo caerá en él; **y el que aportillare el vallado, morderále la serpiente.**

Esto tiene lugar cuando en el grupo de liberación no hay quien dirija la liberación y empieza una especie de contradicción entre lo que dice cada miembro del grupo de liberación, quizá uno diga que el espíritu calle y el otro diga que el espíritu hable y diga su nombre. Cuando el espíritu inmundo detecta esa situación de confusión, entonces hace esa señal. Por eso antes de empezar con la liberación es necesario coordinar acerca de quién es el que dirigirá la liberación, para que cuando el que lidera el grupo le diga al espíritu inmundo que calle, todos deben apoyar esa instrucción u orden, en caso contrario, lejos de ayudar a la persona que está en el proceso de liberación, la estarían terminando de estorbar porque el espíritu inmundo al detectar esa situación, hará esa señal para llamar a otra potestad.

9.- AYUDA DE OTROS PEORES

✓ Son llamamientos de ayuda. Recuerda que al momento en que detectes que el espíritu inmundo está pidiendo ayuda, debes actuar como ya lo mencionamos anteriormente, poniendo aceite en la mano de la persona, abriéndola y poniendo la palma de la mano sobre el piso a manera de anular toda posibilidad de cualquier señal.

✓ Esto es llamado interdicción del mundo espiritual.

2 Samuel 5:23-24 (LBA) Cuando David consultó al SEÑOR, Él dijo: No subas directamente; da un rodeo por detrás de ellos y sal a ellos frente a las balsameras. **24** Y cuando oigas el sonido de marcha en las copas de las balsameras, entonces actuarás rápidamente, porque entonces el SEÑOR habrá salido delante de ti para herir al ejército de los filisteos.

David le había pedido a Dios una señal para ver si subía a la batalla y El le da esa señal para que la victoria fuera suya.

LA INTERDICCIÓN MILITAR

Esta es una tarea táctica en la que un comandante impide, interrumpe o retarda el uso de una ruta o área al enemigo.

La interdicción es una operación que se lleva a cabo con el fin de complementar y reforzar otras operaciones ofensivas o defensivas en curso.

✓ Presionar al enemigo para que deponga las armas.

✓ Las medidas de interdicción son medidas de represalia, embargos y decomiso de armas dentro de un conflicto para no llegar a mayores proporciones.

La profundidad a la que la fuerza atacante conduce la interdicción, generalmente determina la libertad de acción de la fuerza amiga.

El aumento en la profundidad de las operaciones reduce el peligro de fratricidio (daño a un hermano) en las fuerzas amigas.

Reduce la coordinación requerida y facilita la ejecución de operaciones cada vez más flexibles, con más libertad de acción, las fuerzas aéreas no dejan ninguna ubicación enemiga exenta de ataque.

10.- HAY ATADURA NO ROTA

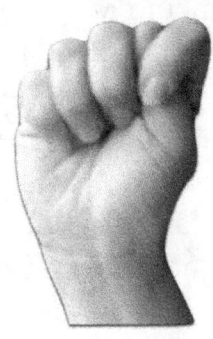

✓ Esta señal puede indicar que hay un pecado no confesado, es posible que sólo se ha apartado, pero sin confesión.

La Palestra (Lenguaje, manifestaciones y señales)

✓ También puede indicar que tiene algo oculto en su vida como los pecados ocultos que dijo David a Dios y que lo librara de eso, pero eso sucede cuando hay pecados ancestrales que se recibieron por herencias ancestrales.

Proverbios 28:13 El que encubre sus pecados, no prosperará: mas el que los confiesa y se aparta, alcanzará misericordia.

11.- SE ESTÁ QUEDANDO SOLO

✓ Esto indica que la estructura del espíritu inmundo está desgastada.

Salmos 91:7 Caerán á tu lado mil, y diez mil á tu diestra: mas á ti no llegará.

Debes tener presente en todo momento que ningún espíritu inmundo trabaja por sí solo, existen cadenas de operación dispuestas a ayudarlo en cualquier momento y es por lo que manifiestan la ayuda que necesitan las cuales los demás espíritus inmundos están avizorados para responder en cualquier momento. De esto estaré ampliando más adelante en otro capítulo porque un espíritu de sexo ilícito, no trabaja solo, sino que, está trabajando con espíritu de lujuria, espíritu de lascivia, espíritu de pornografía, etc.

12.- YA NO PUEDE SEGUIR BATALLANDO

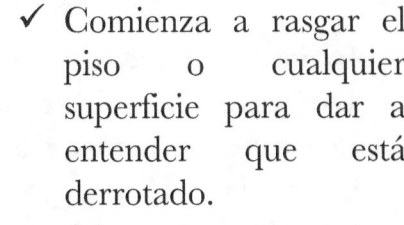

✓ Comienza a rasgar el piso o cualquier superficie para dar a entender que está derrotado.

Mateo 8:31 ...y los demonios le rogaban, diciendo: Si vas a echarnos fuera, mándanos a la piara de cerdos.

El mundo espiritual tiene un final, los espíritus inmundos pueden ser sometidos hasta ser derrotados; la señal de esta mano está diciendo que la liberación está pronta a terminar victoriosa en el nombre de Jesús.

AUTOEVALUACIÓN:
Tema #6: Primer nivel básico.
Tema: La palestra de un libertador. Parte #2
(Lenguajes, Manifestaciones y señales en la palestra de liberación)

Introducción:
Durante esta clase nos enfocamos en ver la parte práctica de la guerra espiritual, es decir, (Lenguajes, Manifestaciones, y Señales en las liberaciones.) Al hablar de guerra espiritual debemos de estar conscientes que tiene 3 planos de guerra, según el pasaje que estoy utilizando de base, Apocalipsis 12:7.

Esta autoevaluación está elaborada para poner a prueba tu capacidad de asimilación de esta clase específicamente.

Tienes 10 preguntas en total, por favor lee cuidadosamente cada pregunta para poder responder con una "x" en la respuesta correcta.

- ✓ Los 3 niveles de Polemos que apocalipsis 12:7 menciona son guerra, batalla, combate; ¿en cuál nivel se

desarrolla la estrategia de los ataques del reino de las tinieblas.?

Respuesta 1: combate.___

Respuesta 2: Guerra.___

Respuesta 3: Batalla.___

✓ **El mundo espiritual es muy exigente, se rige por principios, pero 2 de los principios son los más importantes, ¿cuáles son?**

Respuesta 1: Leyes jurídicas y Mayor conocimiento.___

Respuesta 2: Ser muy maduro y espiritual.___

Respuesta 3: Valentía y ungido.___

✓ **En el sistema de la comunicación del mundo de la guerra espiritual, existen lenguajes corpóreos, los dedos tienen un significado, ¿cuál es?**

Respuesta 1: Sirve para amenazar a los espíritus de las tinieblas.___

Respuesta 2: Significa huestes.___

Respuesta 3: Señala donde están escondidos los espíritus.___

✓ **Según el estudio que tuvimos y según las escrituras, los representantes de ambos reinos opuestos reconocen el significado de los dedos en la guerra espiritual, ¿podría señalar su significado.?**

Respuesta 1: El dedo del que libera.___

Respuesta 2: El dedo de Dios.___

Respuesta 3: El dedo de un ángel.___

✓ **Durante este estudio se explicó acerca de la interdicción del reino de las tinieblas, es decir, pedir ayuda a otras fuerzas de maldad haciendo señales con las manos, ¿podrá reconocer la señal que indica que hay un problema cíclico?**

Respuesta 1: Los 2 dedos que apunta hacia arriba.___

Respuesta 2: Haciendo un círculo con los dedos.___

Respuesta 3: Cerrando el puño.___

- ✓ **¿La señal de los 4 dedos, es decir, los dedos índice, medio, anular y meñique apuntando hacia arriba, ¿qué significa?**

Respuesta 1: Bloqueo mental.___

Respuesta 2: Puerta cerrada.___

Respuesta 3: que son 4 espíritus.___

- ✓ **¿La señal de la mano cerra (un puño), ¿qué significa?**

Respuesta 1: Que está a punto de dar un golpe.___

Respuesta 2: Invocación de poder.___

Respuesta 3: Que esconde algo en la mano.___

La Palestra (Lenguaje, manifestaciones y señales)

✓ **¿Cuándo los dedos índice y medio apuntan hacia el frente, ¿qué significa?**

Respuesta 1: Maldición.___

Respuesta 2: Por donde van a salir.___

Respuesta 3: Cuantos espíritus son los que están en batalla.___

✓ **¿Cuándo los dedos pulgar y meñique apuntan hacia arriba y el resto hacia abajo, ¿qué significa?**

Respuesta 1: La salida de 2 potestades.___

Respuesta 2: Entrada de otra potestad.___

Respuesta 3: Que están ganando la batalla.___

✓ **¿Cuándo solamente el dedo meñique apunta hacia arriba, ¿qué significa?**

Respuesta 1: Que es un espíritu inmundo.___

Respuesta 2: Que es un espíritu de baja estatura.___

Respuesta 3: Se está quedando solo.___

La Palestra
(Lenguaje, manifestaciones y estructuras espirituales)

Capítulo 7

He venido desarrollando en los capítulos anteriores la temática de **La Palestra del Libertador** donde pudiste ver en el capítulo anterior muchas de las señales que surgen en medio de una liberación; en este capítulo me enfocaré en las estructuras espirituales.

La cita base que utilizaré es la siguiente:

Mateo 16:19 (LBA) Yo te daré las llaves del reino de los cielos; y lo que ates en la tierra, será atado en los cielos; y lo que desates en la tierra, será desatado en los cielos.

La razón de esta cita es porque tiene términos militares en la dimensión espiritual, tiene una promesa que aún sigue vigente hasta el día de hoy y también revela ciertas dimensiones, pero sobre todo deja ver que si Dios no te envía, habilita y provee principios de guerra espiritual, sin importar lo que hagas, no tendrás la efectividad necesaria para salir victorioso; pero si tienes esa diligencia de estar buscando de Dios, equipándote constantemente, con un fuerte deseo de querer aprender y de considerar ese tiempo que Dios te permite tener para invertirlo en Su obra; solamente te resta esperar que Dios te comisione como lo hizo con Sus discípulos porque era como la recompensa por su esfuerzo y dedicación que mantuvieron mientras Jesús les enseñaba.

Negar Derechos Al Enemigo

Los conflictos espirituales tienen que ver con 2 planos existenciales:

- ✓ **El primero es el plano o la dimensión celestial,** donde se encuentran las entidades de los cielos, de las cuales algunas ya cayeron y se tornaron en entidades de las tinieblas.

- ✓ **El segundo es el plano o la dimensión terrenal**, o sea, el plano de la Tierra y sus habitantes, son el blanco de las entidades caídas, es donde, tanto espíritus inmundos como demonios atacan al ser humano en general.

- ✓ Ambas son totalmente diferentes, sin embargo, Dios es el creador de ambas, fue quién estableció los diseños y las leyes que rigen en cada una de esas dimensiones.

La Batalla Por Los Cuerpos

A partir de aquel momento en que algunas entidades cayeron de la dimensión celestial hacia la dimensión terrenal, empezó la batalla por los cuerpos, ese es el enfoque de las entidades caídas del reino de las tinieblas, por supuesto que hay batalla porque hay parte del ejército de Dios constituido en hombres y mujeres como guerreros espirituales para rescatar de las tinieblas a los que han caído en las trampas del adversario y los tienen esclavizados. De manera que, las entidades que están en la Tierra de parte de Satanás, saben que también hay entidades que Dios las respalda, además que, por el organismo que representas, me refiero a la Iglesia de Cristo, se cumple este versículo:

Mateo 16:18 (LBA) Yo también te digo que tú eres Pedro, y sobre esta roca edificaré **mi iglesia**; y las puertas del Hades no prevalecerán contra ella.

Las puertas del Hades no prevalecerán contra la Iglesia de Cristo, por causa de esa entidad que es compuesta por organismos dentro de los cuales estás tú; entonces las entidades de las tinieblas saben que hay personas en la Tierra que les causarán oposición en su obra diabólica para que no la lleven a cabo. También saben que te estás equipando constantemente, estás de constante comunión con Dios para que sea El quien te adiestre para la batalla, por supuesto que para eso necesitas de la oración constante pero también del aprendizaje correspondiente, que siempre buscas.

Todo ser humano se encuentra en medio de 2 clases de llenuras: la llenura del Espíritu Santo o la llenura de las tinieblas.

La Palestra (Lenguaje, manifestaciones y estructuras espirituales)

- ✓ Por un lado, Dios desea manifestar Su poder y voluntad en la Tierra, por medio de tu persona.

- ✓ Por otro lado, los espíritus de las tinieblas para continuar su actividad en la Tierra también.

Debes estar muy consciente de algo y no pasarlo por alto, en este mundo no se puede vivir sin la llenura de Dios, porque si no tienes Su llenura, te llenará otro espíritu, aunque no precisamente de parte de Dios, sino que, de las tinieblas.

También debes considerar que, a pesar de que Dios le haya permitido ciertas llenuras a algunas personas pero no están completamente llenos; ese espacio que aún les pueda quedar, lo terminará de llenar el diablo, por ejemplo:

Lucas 11:24-26 (LBA) Cuando el espíritu inmundo sale del hombre, pasa por lugares áridos buscando descanso; y al no hallarlo, dice: «Volveré a mi casa de donde salí». **25** Y cuando llega, la encuentra barrida y arreglada. **26** Entonces va y toma consigo otros siete espíritus peores que él, y entrando, moran allí; y el estado final de aquel hombre resulta peor que el primero.

Eso me deja ver que cuando las tinieblas encuentran una habitación vacía, pueden usarla como habitación, es ahí donde surgen las incomodidades que alguien puede sentir en determinado momento por esa fricción entre lo bueno y lo malo que lleva dentro, es lo que podría decirse como la paradoja del cristiano que tiene un porcentaje de cosas buenas y otro porcentaje de cosas malas. Por eso puedes ver en el Antiguo Testamento cuando Dios pide que se separe lo vil de lo precioso:

Jeremías 15:19 (LBA) Entonces dijo así el SEÑOR: Si vuelves, yo te restauraré, en mi presencia estarás; **si apartas lo precioso de lo vil**, serás mi portavoz. Que se vuelvan ellos a ti, pero tú no te vuelvas a ellos.

Por eso es necesario estar totalmente vacío de las cosas que no son de Dios para que no haya nada que te estorbe, y entonces buscar una completa llenura del Espíritu Santo. El punto principal por lo que las tinieblas buscan cuerpos, es porque, para poderse prolongar en la Tierra, necesitan de cuerpos; de manera que incluso podría decir que existe una ley divina que rige esta situación.

Oportunamente he enseñado acerca de leyes que están fuera de los 613 preceptos de la ley del Antiguo Testamento; los 613 preceptos le fueron entregados a Israel y muy específicamente antes de que entraran a la tierra de Canaán; no obstante para la Iglesia de Cristo hay algunos de esos preceptos que siguen vigentes porque están relacionados con lo moral, con lo que es santo, con lo que es de pureza, con lo que es el carácter de un hijo de Dios, pero no todas las leyes del núcleo de donde surgen todas la leyes están en los 613 preceptos, por ejemplo, la ley de los miembros, esa ley no está dentro de los 613 preceptos, la ley de la mente tampoco está, etc.

Entonces son leyes de Dios que no están dentro de los preceptos pero están dentro del núcleo de la ley divina. Otro ejemplo es la ley de la limitación de los cuerpos.

La Exigencia De Los Cuerpos

¿Por qué existe la ley de la limitación de los cuerpos?

- ✓ Porque es ilegítimo que un espíritu del plano espiritual viva y opere libremente en el plano terrenal.

- ✓ Para quedarse permanentemente en la dimensión Tierra, los espíritus inmundos necesitan poseer un cuerpo humano.

- ✓ Por eso los espíritus y demonios buscan cuerpo.

La Tierra exige cuerpo terrenal para actuar

Ningún espíritu de otra dimensión tiene el derecho de vivir legalmente en el plano terrenal; existen leyes de limitación del cuerpo, como ya lo mencioné:

- ✓ La ley divina de la limitación de los cuerpos.

- ✓ La razón del mundo espiritual de poseer los cuerpos, se debe a la ley de la limitación que Dios creó.

- ✓ Las clases de cuerpos son indispensables para la actividad, según al plano que pertenece, celestial o lo terrenal.

Por eso puedes ver en la Biblia que hay ángeles que tienen limitado el tiempo en la Tierra, porque no pertenecen a esta dimensión, los ángeles no tienen como propósito habitar en cuerpo humano porque tienen su propio cuerpo, los que ya cayeron, serán ángeles caídos pero tienen cuerpo de ángel. Un ejemplo a este respecto es esta cita:

Génesis 32:24-26 (LBA) Jacob se quedó solo, y un hombre luchó con él hasta rayar el alba. **25** Cuando vio que no había prevalecido contra Jacob, lo tocó en la coyuntura del muslo, y se dislocó la coyuntura del muslo de Jacob mientras luchaba con él. **26 Entonces *el hombre* dijo: Suéltame porque raya el alba.** Pero *Jacob* respondió: No te soltaré si no me bendices.

Otro ejemplo que puedo citar es este versículo:

Génesis 28:12 (LBA) Y tuvo un sueño, y he aquí, había una escalera apoyada en la tierra cuyo extremo superior alcanzaba hasta el cielo; y he aquí, **los ángeles de Dios subían y bajaban** por ella.

Podría decir que había una especie de relevos por el vencimiento de tiempo de estar en la Tierra. Por eso la forma en que trabajan los ángeles caídos es como una serpiente venenosa, solamente muerden para dejar su veneno y se van; los ángeles inoculan su veneno de rebelión y se van entonces la persona se queda con aquella influencia de rebelión y otras entidades de las tinieblas colaboran entre sí para seguir el proceso negativo, pero el punto es que los ángeles no tienen mucho tiempo para estar en la Tierra.

Los Espíritus Necesitan Cuerpos

Es tan urgente la necesidad de cuerpos en el mundo espiritual de tinieblas, aunque también pueden habitar en animales.

Génesis 3:1 (LBA) Y la serpiente era más astuta que cualquiera de los animales del campo *(tierra)* que el SEÑOR Dios había hecho. Y dijo a la mujer: ¿Conque Dios os ha dicho: "No comeréis de ningún árbol del huerto"?

✓ El punto es que, sin cuerpo no cambian de categoría y son solamente vientos que van de un lado para otro, mientras que el cuerpo les ayuda a permanecer en alguna región.

✓ Sin casa, entiéndase cuerpo, los espíritus son solamente **Pneumas**, al tener un lugar de habitación vienen hacer **Pneumas Oikos,** o sea espíritus con casa, pero el trabajo a desarrollar es de **Pneuma Phaneros**, espíritu inmundo.

Los Cuerpos De Los Espíritus Inmundos

✓ Donde haya un espíritu operando, es porque alguien les cedió el derecho para la invasión de su cuerpo. Los espíritus de las tinieblas no entran a cuerpo a voluntad propia, sino que lo harán con derecho de hacerlo lo cual es un pecado no confesado, las heridas en el alma que necesitan ser sanadas, falta de perdón, amargura, resentimiento profundo, vicios que ocultan de cualquier forma, es adicto a la pornografía, problemas de sexo ilícito, etc.

✓ Entran al cuerpo porque se les concede el derecho. Recuerda que para que un espíritu de las tinieblas entre a un cuerpo, tienen que

- presentar ese documento legal espiritualmente hablando, en una corte celestial.

- ✓ El Señor Jesucristo hizo mención de este principio, diciendo lo siguiente y poniéndose como ejemplo de un propósito que tenía el adversario en contra suya:

Juan 14:30 (LBA) No hablaré mucho más con vosotros, porque viene el príncipe de este mundo, y él no tiene nada en mí...

Dicho de otra manera podría decir que Satanás no iba a encontrar ningún derecho en Jesús para entrar en Su cuerpo. De manera que los espíritus buscan cuerpos para actuar y permanecer en la Tierra, recuerda, ellos no actúan si no se les presta el cuerpo.

Entidades en Las Áreas Del Cuerpo

Es interesante que también podría ser que los espíritus habiten en partes específicas del cuerpo como las siguientes:

- ✓ **La boca:** Proverbios 18:21
- ✓ **Los labios:** Romanos 3:13

- ✓ **Los ojos: 2 Pedro 2:14**
- ✓ **Los oídos: Salmos 135:17**
- ✓ **La nariz: 2 Reyes 4:35**
- ✓ **Células.**
- ✓ **El final del tubo digestivo: Mateo 15:17**
- ✓ **La piel - lepra: Levíticos 13**
- ✓ **La lengua: Santiago 3:6**
- ✓ **Los huesos: Salmos 38:3**
- ✓ **La espalda: (La mujer encorvada)**
- ✓ **Los pies: Proverbios 1:16**
- ✓ **Los dedos: Proverbios 6:12-13**
- ✓ **El rostro: Génesis 4:6 RV**
- ✓ **Sistema nervioso.**
- ✓ **La sangre (ADN).**
- ✓ **Químicos del cerebro.**

- ✓ **Dopamina (Atacada por la pornografía).**
- ✓ **Epinefrina.**
- ✓ **Norepinefrina.**
- ✓ **Ácido gamma-aminobutírico.**
- ✓ **Serotonina.**
- ✓ **Neuronas.**
- ✓ **Las dendritas: pensamientos.**
- ✓ **La coyuntura de los huesos.**
- ✓ **Muslo: Números 5:25**
- ✓ **El cuello. (Yugos) Isaías 14:25**
- ✓ **Los hombros: Isaías 14:25**
- ✓ **Las rodillas: (Paralizadas) Hebreos 12:12**
- ✓ **Los pulmones: Efesios 2:2 (BLA MSG)**
- ✓ **Los tendones: Job 30:17 (KJV)**

- ✓ Los músculos.

- ✓ El vientre o estómago: Proverbios 18:8

- ✓ El corazón: Isaías 32:6 (BLA, Arco iris)

- ✓ El cerebro.

- ✓ El nervio vago (2 nervios craneales).

- ✓ La corteza prefrontal (se desgasta con la tentación).

- ✓ La mente (fortaleza mental): 2 Corintios 10:4

- ✓ El consciente (diánoia #G1271).

- ✓ El subconsciente (Nous #G3563).

- ✓ El inconsciente (Cheder #H2315).

- ✓ La memoria.

- ✓ El intelecto.

- ✓ El alma.

- ✓ Emociones.

- ✓ Sentimientos.
- ✓ La voluntad.
- ✓ El cordón umbilical (mujer).
- ✓ Esperma.
- ✓ Óvulos.
- ✓ Kromosomas.
- ✓ Molécula del ADN.
- ✓ Aparato Golgi.
- ✓ Las uñas.
- ✓ Las manos: Mateo 12:10
- ✓ El paladar.
- ✓ Los intestinos.
- ✓ Los dientes: Números 11:33

Uno de los elementos muy comunes en la manifestación de espíritus inmundos es el cabello, aún los brujos lo que hacen es trabajar con pocos de cabello de alguna persona, considerando también que el cabello, espiritualmente hablando, representa los pensamientos, entonces lo que pretenden es manipular los pensamientos de aquella persona.

Para liberar a una persona debe ser consciente de que cedió el derecho y luego proseguir a liberar, quitándole el argumento al espíritu inmundo de seguir habitando en determinada parte de su cuerpo.

Lenguajes Del Espíritu Inmundo

Las señales de interdicción enemigas

Marcos 1:23-25 (LBA) Y he aquí estaba en la sinagoga de ellos un hombre con un espíritu inmundo, el cual comenzó a gritar, ²⁴ diciendo: ¿Qué tenemos que ver contigo, Jesús de Nazaret? ¿Has venido a destruirnos? Yo sé quién eres: el Santo de Dios. ²⁵ Jesús lo reprendió, diciendo: ¡Cállate, y sal de él!

Debes notar que el espíritu inmundo comenzó a gritar, también debes ver que conocía de Jesús y aún más extraordinario el hecho que El no se interesó en que la entidad lo había reconocido. Un punto muy interesante aquí es que, algunas personas toman como modelo el hecho de hablar con el endemoniado, partiendo precisamente de la cita descrita, uno de los problemas con esto es que lo toman como un método y entonces en cada liberación hacen lo mismo.

Lo que Jesús hizo en aquella confrontación fue que la potestad confesara quién era su legionario, o sea, la autoridad que lo había delegado; al preguntarle su nombre, estaba yendo más lejos de una simple pregunta, lo que quería era que confesara el nombre del legionario, pero la potestad le respondió que su nombre era legión porque eran muchos, sin embargo en una legión hay 1 que es el que comanda; Jesús lo que buscaba entonces era discernir el carácter del rango, del oficio, del tiempo del por qué estaba en aquella persona; porque un legionario en el mundo físico, permanecía hasta la muerte, el legionario, con su legión y bajo la autoridad del gobernante que delegó al legionario. Entonces al legionario lo podían cambiar solamente al morir o al terminar cierto período mientras el gobernante que lo había autorizado, permanecía gobernando.

Entonces lo que Jesús quería era saber el tiempo para poder determinar los estragos que había causado en el contexto de ese tiempo, porque entre más tiempo una potestad está en una persona, tiene mayor espacio para operar en él. Por eso decía anteriormente que la potestad primero es un viento, o sea, un espíritu, pero una vez entra en una persona, entonces se convierte en un espíritu con casa y después convertirse en un espíritu inmundo de donde luego puede llamar a 7 peores para ver de qué forma lo terminan de dañar y finalmente lo entregan a un demonio el cual buscará matarlo.

Por eso es importante saber entre lo que Jesús hizo con el gadareno y la cita anterior, porque como puedes ver, El no estuvo interesado más que en echarlos fuera, por eso también fue que los calló porque cuando gritaron comprendió que había un espíritu manifiesto de la potestad que tenía a la persona y entonces empezó a hablar lo que le dijeron a Jesús.

Características del grito de un atormentado por espíritu inmundo

- ✓ El grito es señal de la confrontación.

- ✓ El grito lo hacen para intimidar.

- ✓ Los gritos pueden ser entendibles, en lenguas o quejidos.

- ✓ El grito puede revelar el género del espíritu, su naturaleza o nombre genérico.

- ✓ El grito también puede revelar su forma, si es sonido o gruñido de animal.

Hay gente que emite sonido de cerdo, gato, perro, etc., cada animal tiene su descripción en la liberación. Un cuervo tiene su descripción en la Biblia y aparece solamente una vez con una descripción que no es lógica, esto fue cuando alimentó al Profeta Elías. El cuervo es un ave de rapiña, come carne inmunda, sucia, come de lo que otro animal cazó y desechó. El cuervo representa el anuncio de un espíritu de muerte; por eso la persona que está liberando a otra persona, tiene que saber a qué debe asociar el sonido con el que se está manifestando el que está en ese proceso de liberación.

Interesantemente ningún manifestado hace sonido de paloma, ese sonido que parece tan noble que hace una paloma cuando está cantando; compara por un momento el canto de una lechuza con el de una paloma, son totalmente diferentes. Una lechuza es un medio para hacer brujería, hacer un rito satánico y enviarlo con brujería; pero cuando alguien es manifestado con sonido de lechuza está revelando que ahí está Lilith, hay un espíritu de íncubos o súcubos, también puede ser que haya cualquier otra parte de la estructura de Lilith, una potestad nocturna la que está estorbando; por eso es muy importante que aprendas todo esto que está relacionado con el lenguaje de espíritus inmundos.

Lengua Demoníaca

Marcos 1:26 (LBA) Entonces el espíritu inmundo, causándole **convulsiones, gritó** a gran voz y salió de él.

Dos cosas:

- ✓ Gritos.
- ✓ Convulsiones.

En la cita **Marcos 1:23-25**, primero gritó y después habló, aquí puedes ver que también gritó primero y después tuvo convulsiones; esto es lo más común en una liberación.

Un grito es el Krazo de un espíritu inmundo:

2896 krazo {krad'-zo}

Significado:

- ✓ Del grito de un cuervo.
- ✓ vociferar, llorar por venganza.

Un grito solamente lo vas a poder asociar, según el gruñido, según el tipo de animal. Una recomendación que puedo hacerte es que te familiarices con los gruñidos de los animales inmundos que la Biblia describe para tener una noción que en determinado momento te podría servir porque en una liberación, cuando está en su punto más álgido, es cuando más se manifiestan.

La Palestra (Lenguaje, manifestaciones y estructuras espirituales)

Convulsiones también existen, pero quizá sea algo considerado como más normal de identificar, pero el gruñido es de sonido muy particular.

Las lenguas demoníacas son propias de un lenguaje del espíritu inmundo que se considera como cosas indecibles.

- ✓ No se debe tratar de descifrar para no contaminarse, me refiero a que no debes tratar de saber lo que dijo.

- ✓ Si, se debe discernir para reprender y no dejar que las siga diciendo, no dar lugar a esas lenguas. Debes saber discernir que está hablando una lengua demoníaca, porque tienes al Espíritu Santo y conoces la lengua de espíritus pero de parte de Dios y cuando el demonio intenta hacer lenguas, no serán las mismas que ya conoces. Por eso es importante no intentar imitar las lenguas.

- ✓ El lenguaje del espíritu inmundo es la contraparte de hablar lenguas angelicales u otras lenguas por medio del Espíritu Santo.

Hay casos en los cuales cuando alguien es liberado, empieza a hablar en lenguas angelicales, pero en ese momento no es por razones autónomas, sino que, cuando notas que aquella persona ha sido liberada y le impones de manos, puedes activarlo para que hable en lenguas, por ejemplo:

Hechos 19:6 (LBA) Y cuando Pablo **les impuso las manos**, vino sobre ellos el Espíritu Santo, y **hablaban en lenguas y profetizaban**.

Considera importante el hecho que alguien que recién fue liberado y habla en lenguas, es porque tú le impusiste manos y no de forma espontánea o por decisión propia del que fue liberado.

Esto es el cuadro típico de una liberación donde hay lenguas demoníacas y heridas en el cuerpo que provoca algún desangramiento:

1 Reyes 18:26-27 (LBA) Entonces tomaron el novillo que les dieron y lo prepararon, e invocaron el nombre de Baal desde la mañana hasta el mediodía, diciendo: Oh Baal, respóndenos. Pero no hubo voz ni nadie respondió. Y danzaban alrededor del altar que habían hecho. [27] Y sucedió que ya al mediodía, Elías se burlaba de ellos y decía: Clamad en voz alta, pues es un dios; tal vez estará meditando o se habrá desviado, o estará de viaje, quizá esté dormido y habrá que despertarlo.

Casi siempre después que se han dicho las lenguas diabólicas, se provocan heridas por sí mismos.

La Palestra (Lenguaje, manifestaciones y estructuras espirituales)

1 Reyes 18:28-29 Y **gritaban a grandes voces y se sajaban**, según su costumbre, con espadas y lanzas hasta que la sangre chorreaba sobre ellos. **²⁹** Y sucedió que pasado el mediodía, **se pusieron a gritar frenéticamente** hasta la hora de ofrecerse el sacrificio de la tarde; pero no hubo voz, ni nadie respondió ni nadie hizo caso.

Este es un escenario donde hay manifestaciones, daños físicos, exceso de tiempo de un sacrificio a otro, esto significa un período de 3 o 4 horas de estar gritando sin cesar.

Una lengua demoníaca, es como un vociferar y este siempre va acompañado de heridas y gestos.

Marcos 5:4-5 (LBA) ...porque muchas veces había sido atado con grillos y cadenas, pero él había roto las cadenas y destrozado los grillos, y nadie era tan fuerte como para dominarlo. **⁵** Y siempre, noche y día, andaba entre los sepulcros y en los montes dando gritos e hiriéndose con piedras.

Durante una lengua demoníaca hay invocación de espíritus para auxilio, es decir interdicción, pero más que eso, lo que debes notar es que hay mucha similitud de lo que sucedió en el Antiguo Testamento con el Nuevo Testamento, me refiero a que un espíritu inmundo a través del cuerpo expresa la influencia, el poder que ejerce y los daños que le está provocando a la persona como una señal de que está en control absoluto y gobernando ese cuerpo.

Resumen Del Lenguaje Demoníaco

✓ Casi siempre las lenguas demoníacas son acompañadas con gestos faciales.

Deformaciones.

✓ También se distinguen porque van acompañadas con cambios vocales.

Voz del enemigo.

✓ Casi siempre después que se han dicho las lenguas diabólicas, la persona se provoca heridas por sí mismo.

Intimidación.

Con todo esto, estás viendo las partes del cuerpo que pueden ocupar, en el alma pudiste ver que hay diferencia entre gritar y hablar, estás viendo lo que es manifestarse y gritar; todo eso son indicadores que una persona está bajo el control de una fuerza demoníaca en su interior.

Manifestaciones En La Liberación

Esta otra fase es de suma importancia que requiere que estés consciente en poder observar los tipos de manifestaciones.

Las Convulsiones

La palabra que vamos a examinar es el significado del término convulsiones.

Marcos 1:21-27 (LBA) Entonces el espíritu inmundo, **causándole convulsiones**, gritó a gran voz y salió de él. ²⁷ Y todos se asombraron de tal manera que discutían entre sí, diciendo: ¿Qué es esto? ¡Una enseñanza nueva con autoridad! Él manda aun a los espíritus inmundos y le obedecen.

- ✓ Los movimientos corpóreos se deben discernir porque llevan un mensaje de señales.

- ✓ Nota que está siendo manifiesta la doctrina de autoridad.

- ✓ Otras versiones de la Biblia dicen en lugar de **convulsiones**: lo agitó, lo revolcó, lo retorció, lo sacudió, lo zarandeó en lugar de convulsiones, entonces observa lo que significa la palabra convulsiones de acuerdo con los diccionarios bíblicos bajo el código Strong G4682.

sparasso G4682: Boquear; mediante la idea de una contracción espasmódica; retorcerse, con convulsiones de epilepsia, sacudir con violencia.

Convulsión G4682 sparasso: denota rasgar, partir, convulsionar, y se traduce con la frase verbal «sacudir violentamente» en **Marcos 1:26; 9:20, 26; Lucas 9:39.**

Por definición significa: contracción violenta e involuntaria de uno o más miembros o músculos del cuerpo. El Diccionario Vine dice: **sacudir violentamente.**

- ✓ Toda clase de señales corpóreas eso es convulsiones lo cual está relacionado con muchas de las partes del cuerpo humano, porque intervienen el cerebro, el sistema nervioso, estructura ósea, los nervios craneales que están conectados con los órganos, etc., con el propósito de superar las condiciones naturales de movimientos de todo el cuerpo.

- ✓ En las convulsiones hay mensajes que los espíritus inmundos envían a través del cuerpo de la persona al mundo espiritual. Por eso es muy importante entender las manifestaciones en una liberación, porque es uno de los puntos de equilibrio en la liberación.

Por supuesto que todo lo que has estado aprendiendo, necesita del discernimiento de espíritus; sin embargo, el discernimiento como don dado por Dios es muy necesario y útil por lo cual debes pedirlo a Dios, pero también debes saber que no opera las 24 horas al día, no siempre está trabajando ese don, de otra manera por donde anduvieras estarías viendo demonios o espíritus inmundos en los ambientes o los que están atacando a la gente. Por eso es que el don de discernimiento de espíritus se activa en el momento necesario; el don es posible que ya lo hayas recibido de parte de Dios, pero se activa en el momento justo para que haga su respectivo trabajo.

Sin embargo, también debes recordar, como ya lo he mencionado anteriormente; está el discernimiento por conocimiento y sabiduría, eso significa que, con lo que ya conoces, puedes distinguir la actividad anormal que hay en una persona.

Discernimiento: G1253 diakrisis, distinguiendo, discerniendo y juzgando.

1 Corintios 12:10 (Amplificada) ... a otro la habilidad de **discernir** y distinguir entre [las pronunciaciones verdaderas] los espíritus [y falsos],...

- ✓ ¿Cómo distinguir si primero no conoces?

- ✓ Nadie puede reconocer una pieza color blanco y otra de color negra si primero no conoce los colores, por eso insisto en que debes aprender y una forma es a través del discernimiento por conocimiento y sabiduría.

Ezequiel 44:23 (LBA) 'Enseñarán a mi pueblo a **discernir** entre lo sagrado y lo profano, y harán que ellos sepan distinguir entre lo inmundo y lo limpio.

✓ Distinguir es el producto de un conocimiento previo y eso es lo que en una liberación se realiza, especialmente las señales de manos.

La Salida Del Alma

Enseño esto como parte de todo lo que he detallado desde que empecé a mostrar lo que es la palestra porque debes aprender la mayor parte de señales que pueden surgir en las batallas y liberaciones.

✓ La salida del alma no es lo que se le llama un desdoblamiento astral, porque eso es propio de los esotéricos, los satanistas, algunas religiones místicas tienen la disciplina o técnica que han aprendido los procesos para hacer un desdoblamiento ancestral; sin embargo en la Biblia se puede ver que podrían haber salidas del cuerpo, especialmente en una liberación; incluso los gnósticos cristianos lo hacen voluntariamente, pero insisto esto; en una liberación no es que se active esa práctica o que se llegue a llamar de esa manera. En términos de guerra espiritual no debes decir que aquella persona está experimentando un desdoblamiento astral porque sería como acreditarle algo a las tinieblas.

Génesis 35:18 (LBA) Y aconteció que cuando su alma partía, pues murió…

- ✓ Esto es un fenómeno muy profundo que se dan en ciertas liberaciones, especialmente donde la potestad se niega a dejar el cuerpo y opta por sacar el alma con la intención de que muera aquella persona porque en ese momento lo que sucede es que el espíritu inmundo expulsa el alma y se la entrega a un demonio el cual destruirá el alma.

- ✓ El tiempo en la que el alma permanece fuera del cuerpo, es el factor que debes conocer para que nunca te vaya a suceder algo negativo por no saber qué hacer mientras se salió el alma. Toda esta información es necesario que la aprendas para que el adversario no tome ventaja de la falta de conocimiento que puedas tener.

- ✓ El cuerpo permanece vivo, siempre y cuando el alma sigue amarrada al cordón de plata:

Eclesiastés 12:6 (LBA) Acuérdate de Él antes que se rompa **el hilo de plata**, se quiebre el cuenco de oro, se rompa el cántaro junto a la fuente, y se haga pedazos la rueda junto al pozo...

Algunas versiones de la Biblia dicen: hilo, cordón, hebra, cadena.

- ✓ Diría entonces: ...antes de que se rompa, se deshiciere, se remueva, se quiebre, etc.

- ✓ La siguiente versión es muy impactante por lo que da a entender:

Eclesiastés 12:6 (BLA) El hilo de plata no llegará más lejos: dejaron de hilarlo; la lámpara de oro se rompió, se quebró el cántaro en la fuente, y cedió la polea del pozo.

- ✓ Esto hay que cuidar y saber qué hacer antes de que se rompa ese cordón y que ya no pueda el alma volver al cuerpo.

- ✓ Cuando esto sucede y los obreros no saben qué hacer, ponen en riesgo de muerte al que está siendo liberado.

- ✓ Cuando un brujo está llegando a cierto lugar en proyección astral y en aquel lugar hay un guerrero espiritual de parte de Dios y logra discernir aquella situación donde por medio de proyección astral llegó; le puede cortar el cordón de plata y el alma de ese brujo no vuelve al cuerpo y muere.

La Intervención Del Obrero De Liberación

Para volver el alma al cuerpo

¿Qué debes hacer en el caso de una situación en la que el alma está en riesgo de salir del cuerpo de la persona que está siendo liberada o si el alma ya salió?

- ✓ Llamar el alma por el nombre de la persona, eso significa que debe tener consciencia de saber cómo se llama.

- ✓ Ponerlo a caminar inmediatamente, aunque el espíritu inmundo se negará a que camine, pero es importante hacerlo y ver que sigue en la Tierra porque mientras está fuera del cuerpo se siente como que está en otra dimensión, por eso es necesario hacerlo sentir que está de regreso en la Tierra.

- ✓ No reprender más, si no que, mantener la comunicación con la persona hasta que se recupere, seguirle hablando por el nombre de la persona, si es posible dirigirlo a que adore a Dios, que cante, que declare una canción.

✓ Al volverlo completamente en sí, sentarlo y darle de beber agua para que se hidrate; esto no tiene nada de místico y pensar que el agua tiene una propiedad sobrenatural, lo que necesita la persona es que se hidrate porque ha sudado mucho o ha expulsado líquidos por las diferentes puertas de expulsión, etc.

✓ Suspender la liberación y continuarla en otra ocasión para darle tiempo a que se recupere de sus fuerzas.

✓ En algunos casos las personas testifican que efectivamente anduvieron flotando y que vieron su cuerpo inerte y veían a las personas que estaban a su alrededor, gritaban pidiendo ayuda pero no les escuchaban porque estaban en otra dimensión; incluso puede escuchar espíritus inmundos que le sugieren que lance maldiciones contra las personas que lo están ayudando.

Las Estructuras Del Mundo De Los Espíritus

Estructura:

- ✓ Es la disposición o forma de relación con otras partes de un conjunto.

- ✓ En una estructura se requiere la disposición y organización de las entidades o personas que lo componen.

- ✓ Se refiere a la forma en que las partes se relacionan y funcionan juntas para formar un sistema coherente, de esto podrías decir que es una cadena de operación o cadena de mando, o sea que un espíritu no está trabajando solo en una persona sino que, hay otros que están conectados y que entonces conforman una estructura.

- ✓ Las estructuras están diseñadas para cumplir un propósito específico, crear un sistema o transmitir información de una entidad a la otra. Por eso debes saber que no es solamente con un grito muy enérgico que todo se solucionará, sino que debes seguir el proceso de liberación que he descrito a lo largo de este libro.

Disposición y orden:

- ✓ Los elementos de una estructura no están aislados, sino que, interactúan entre sí, lo que define su función y comportamiento.

Dios trabaja con estructuras

- ✓ En lo fisiológico: el esqueleto humano.

- ✓ En la naturaleza: los árboles tienen una estructura.

- ✓ En lo espiritual: el reino de Dios con sus huestes tiene una estructura.

- ✓ La Iglesia verdadera debe tener estructura bíblica y divina.

El Diablo Opera En Estructuras

- ✓ Estructura de tinieblas: demonios, espíritus inmundos y ángeles caídos.

- ✓ Estructuras religiosas: legalismo, sectarismo.

- ✓ Estructuras humanas: funciona en las ideas del hombre, etc.

De tal manera que es necesario romper estructuras que no son de Dios porque en determinado momento intentarán trastocar lo glorioso del evangelio de Cristo con estructuras religiosas y humanas.

Las Estructuras Espirituales

La Palestra (Lenguaje, manifestaciones y estructuras espirituales)

El mundo espiritual está constituido por estructuras.

Efesios 6:12 Porque nuestra lucha no es contra sangre y carne, sino contra principados, contra potestades, contra los poderes (gobernantes) de este mundo de tinieblas, contra las fuerzas espirituales de maldad en las regiones celestes.

- ✓ Este pasaje resalta la organización que mantiene el reino de las tinieblas y eso tiene que ver con estructuras porque el mundo espiritual es muy exigente a las leyes jurídicas, es decir se rige por leyes. Por eso es importante que vayas desconectando las estructuras de las tinieblas con el propósito que vayan perdiendo su efectividad hasta poder llegar al que es principal en un modus operandi contra una persona, a la agenda que tiene contra una persona para entonces poder hacer más efectivo el contraataque y así poder liberar a la persona.

2 Corintios 2:11 (VMP) ...a fin de que Satanás no gane ventaja alguna sobre nosotros; **porque no estamos ignorantes de sus ardides.**

Para tener una mejor idea acerca de las estructuras, diría que el mundo de los espíritus está estructurado como los huesos del cuerpo.

✓ Cada hueso tiene una función, conexión y coyuntura.

Eso significa que, dependiendo con quién estás conectado es así como funcionas; visto desde el mundo espiritual, diría que dependiendo con qué espíritu está conectado, ese será el resultado que pueda alcanzar principalmente cuando son estructuras con nombre específico.

Si son estructuras, es porque están debidamente conectados unos con otros, sin embargo, cada potestad tiene una función específica que se puede potencializar precisamente al pertenecer a una estructura, aunque todo en conjunto obedece a una cabeza principal que los comanda y que sabe cómo está integrada determinada estructura, me refiero a Satanás.

✓ Tiene conexiones y funciones específicas en sus operaciones; Satanás no permite la división en su reino, aunque opera en división.

✓ Por eso es importante conocer su estructura, para saber las funciones que tiene.

Definición de una estructura espiritual

✓ Masa de seres: **TSABA H6635** o huestes.

La Palestra (Lenguaje, manifestaciones y estructuras espirituales)

- ✓ Masa de seres con capacidad militar.

- ✓ Masa de seres con organización estratégica.

Masa es una agrupación numerosa de seres de la misma naturaleza, muy juntas y formando un cuerpo homogéneo y definido, o sea, todos con sus diferentes especializados pero conectados apropiadamente, tienen debidamente definido su objetivo, en este caso, dañar a una persona.

Masa es una magnitud que expresa la cantidad de un cuerpo, medida, fuerza que actúan.

Podrías pensar que los conceptos de estructura y masa son 2 cosas diferentes, sin embargo, el punto al que quiero llegar es que, concluyen con expresar que hay unión o cantidad de cuerpos, hay medida y hay fuerza que cada quien está colaborando en las conexiones.

Ejemplo de Estructura espiritual

- ✓ El plural: Querubín y/o Cherubim = varios ángeles protectores, estructura de ángeles protectores.

- ✓ El singular: Querub = un ángel protector.

- ✓ Arcángel = jefe de ángeles.

✓ Miguel el arcángel = estructura de ángeles militares.

Las Estructuras Del Mundo De Angelología

Las estructuras formadas con la tercera parte de las estrellas

La contratación de entidades del mundo de la angelología le permitió a Satanás establecer una estructura espiritual de las tinieblas.

✓ Sin una estructura no podía ser la potestad peligrosa que representa hoy.

Mateo 12:25-26 Y conociendo Jesús sus pensamientos, les dijo: Todo reino dividido contra sí mismo es asolado, y toda ciudad o casa dividida contra sí misma no se mantendrá en pie. ²⁶ Y si Satanás expulsa a Satanás, está **dividido contra sí mismo**; ¿cómo puede entonces mantenerse en pie su reino?

Lo que está diciendo esta cita es que, si se destruyen esas conexiones en el reino de las tinieblas, no permanecen, se desorganiza y no prevalece por la falta de estructura. Satanás no permite divisiones en su reino, pero opera provocando divisiones porque sabe que todo lo que se fragmente o divida, se destruye, no permanece.

Las Estructuras De Las Tinieblas

Algunos ejemplos de estructuras de tinieblas, antes de explicar cómo afectan las diferentes estructuras.

Dentro de la estructura del reino de las tinieblas se desprenden otras estructuras, viene a ser como un pulpo con sus diferentes tentáculos:

1. Reinado: representado por una entidad místicamente femenina, el reinado del reino de las tinieblas es más conocido por Satanás pero él no es el que está al frente, sino que es una entidad místicamente femenina que toma términos de estado, condición, actitudes, etc., esta es la iniquidad, la cual no es solamente una palabra femenina sino que, está identificando una entidad místicamente femenina.

2. Satanás: príncipe de los principados de las tinieblas, de acuerdo con la estructura de un reinado, primero están los reyes y después los príncipes.

3.- Anticristo: el que se opone a Cristo, no solamente es una operación de oponerse al ungido, sino que, también es una entidad con identidad que se manifestará en el plano literal muy pronto.

4. Estructura militar: Efesios 6:12 principados, gobernadores, autoridades y huestes, este es el orden jerárquico original.

4. Entidades principales femeninas: Lilith, Diana, Jezabel aunque tienen una función de principado.

5.- Espíritus cíclicos.

6.- Cadena de mando.

7.- Espíritus generacionales.

8.- Íncubos y súcubos.

9.- Espíritus nahuales.

Esto es como referencia de una estructura generalizada.

La Estructura De Lilith

✓ **Lilith:** Arkay o Principado.

✓ **Íncubos y Súcubos:** espíritus genéricos que se derivan de Lilith; es genérico porque es de acuerdo con lo que hace. Un íncubo es un espíritu que opera sexualmente como masculino y actúa sobre mujeres; un súcubo es un espíritu que opera sexualmente como femenino y actúa bajo hombres.

- ✓ **Espíritu de homosexualismo y lesbianismo.**

- ✓ **Espíritu de bisexualismo.**

- ✓ **Espíritu de bestialismo.**

La figura de Lilith fue conocida dentro de la cultura babilónica, asiria, judía, árabe, sumeria, egipcia, griega, romana y el norte de Europa.

Uno de los principales espíritus en el judaísmo es Lilith, esta entidad es considera prominente para ellos.

- ✓ Este nombre se encontró por primera vez en una inscripción sobre piedra en los años 3,000 antes de Cristo.

- ✓ También ese nombre lo puedes ver en algunas versiones de la Biblia en Isaías 34:14.

Isaías 34:14 (LPD) Las fieras del desierto se juntarán con las hienas, los sátiros se llamarán unos a otros. Allí también descansará **Lilit** y tendrá un lugar de reposo.

Isaías 34:14 (BNC) Perros y gatos salvajes se reunirán allí, y se juntarán allí los sátiros. También allí **Lilit** descansará y hallará su lugar de reposo.

El Significado De Lilith

Lilith es una palabra muy difícil de traducir, sin embargo a lo que más se acerca esa palabra es a la frase: **hecha por la oscuridad** y es lógico porque su modus operandi es de las 3:00 AM a las 6:00 AM.

En el judaísmo

- ✓ Ellos creen que es la que provoca la perversión sexual.

No solo es una entidad de las tinieblas, sino que, es una estructura de potestades que promueve el descontrol sexual.

liyliyth H3917

- ✓ Lilith, nombre de una diosa hembra conocido como un demonio nocturno que frecuenta los lugares desolados de Edom.

La Palestra (Lenguaje, manifestaciones y estructuras espirituales)

- ✓ Podría ser un animal nocturno que habita los lugares desolados.

Los Sumerios
- ✓ Los sumerios llamaban a Lilit: **la mujer escarlata.**

- ✓ Escarlata es el color rojo que adquiría al contaminar la sangre de los humanos con la intoxicación sexual.

- ✓ En sumerio, Lilit significa **viento**.

La primera vez que se hace mención de Lilit fue a mediados del tercer milenio en la cultura de sumeria.

- ✓ Primer milenio de Adán a Enoc.

- ✓ Segundo milenio de Noé a Moisés.

- ✓ Tercer milenio de Abraham a David.

- ✓ Cuarto milenio de David a Cristo.

- ✓ Quinto milenio, el surgimiento de la Iglesia.

La civilización sumeria fue una de las primeras civilizaciones de la historia que se desarrolló en Mesopotamia entre el año 4,100 y el 1,750 antes de Cristo. En el período del 3er. al 5to. Siglo, estudiosos hebreos dicen que se referían a Lilit como un demonio femenino. Durante la edad de los Cabalistas ella fue dada a conocer como la reina de los espíritus femeninos.

En el período del séptimo siglo aparece por primera vez una imagen tallada de Lilith en el área norte de Siria, con alas y parecida a una esfinge y una inscripción que decía: oh voladora de la cámara oscura, vete de una vez Lilit.

En el período del octavo siglo en Israel, se le conoce como demonio con cuerpo de Querubín.

La literatura que hace referencia hasta el día de hoy son: Los libros del Zohar, El Talmud y El Misdrash y la Biblia, hacen mención en determinados versículos y ciertas versiones.

Descripción De La Imagen De Lilith

- ✓ Lleva 2 juegos de anillo y vara, estos eran los signos sumerios y babilónicos de autoridad.

- ✓ Parada sobre 2 Leones, que son signos de poder y autoridad, así como fertilidad. En

Isaías 34:14 se mencionan hienas y no leones, pero en la escultura son leones.

✓ La lechuza símbolo de sabiduría, de influencia nocturna y de ser un vigilante porque esa es una de sus formas de control, por vigilancia nocturna, en el sistema de la observación.

✓ Sus alas son la imitación de alas de querubín dando ha entender que ejerce cobertura de tinieblas.

✓ Los pies son pezuñas o patas de ave que representa aves inmundas o de tinieblas, las pezuñas para desgarrar; una de las cosas que pueden considerarse para desgarrar a una persona es la perversión sexual.

✓ En su cabeza trae una corona que significa su reinado de los demonios femeninos nocturnos.

Esto es una estructura, es decir, todo funciona de acuerdo con una cabeza de estructura, así es toda clase de estructuras, sea religiosa, humana, etc., tiene una cabeza principal que es la que tiene la estrategia, sabe que necesita estar conectada con otras cosas porque le permiten desarrollar la estrategia según la conexión y la especialidad que tiene la otra parte que se va sumando a la estructura.

✓ Lilith es un principado del mundo espiritual que tiene su esfera de operación y una estructura demoníaca.

Estructura: al conocer su estructura, sabrás sus funciones.

✓ Una estructura es como los huesos del cuerpo, de manera que cuando hay influencia de Lilith, detrás de ella está una estructura de aberraciones sexuales como las que ya describí y aún otros más.

✓ Cada hueso tiene función, conexión y coyuntura.

Estructura significa: con quien está conectado así es como funciona:

✓ **Lilith**

✓ **Íncubos y Súcubos.**

✓ **Espíritu de homosexualismo y lesbianismo.**

✓ **Espíritu de bisexualismo.**

- ✓ **Espíritu de bestialismo.**

¿Cómo afecta su estructura?, bajo las siguientes actitudes:

- ✓ **Con contaminación sexual**
- ✓ **Con vampirismo**
- ✓ **Con feminismo y/o matriarcado**
- ✓ **Con lujuria**
- ✓ **Con lascivia**

Las estructuras son importantes porque permiten funciones según las especialidades.

Otras Estructuras De Tinieblas de Entidades Místicamente Femeninas

- ✓ **La reina del cielo.**
- ✓ **Jezabel.**
- ✓ **Astoret.**
- ✓ **Artemisa.**
- ✓ **Diana.**

Cada una de ellas conforman una estructura dentro del reino de las tinieblas porque cada una deja una marca cuando está presente.

Toda esta información no debes solamente leerla, sino que es necesario que la estudies, investigues para que la interiorices y se convierta en algo aprendido y de esa forma sea parte de tu naturaleza porque estará entonces impregnado en ti como parte de una estructura que te ha dado la formación en el área del reino de Dios que es el ser un obrero, guerrero de Dios, no teórico solamente, sino que con dominio en la práctica también.

AUTOEVALUACIÓN:
Tema #7: Primer nivel básico.
Tema: La palestra de un libertador. Parte #3
(Lenguajes, Manifestaciones, y estructuras espirituales)

Introducción:
Los conflictos espirituales tienen que ver con 2 **PLANOS EXISTENCIALES**.

- ✓ Uno es la dimensión celestial
- ✓ Y la otra sería el plano TERRENAL.
- ✓ Ambas son totalmente diferentes, y Dios es el creador de ambas.
- ✓ Él mismo fue quién estableció los diseños y las leyes que rigen en cada una de esas dimensiones.

- ✓ ¿Cómo se dice en griego a una entidad de las tinieblas que aún no tiene un cuerpo para habitar?

Respuesta 1: rúakj.____

Respuesta 2: Pneuma.____

Respuesta 3: Arche.____

✓ **¿Cómo se dice en griego a los espíritus de las tinieblas, cuando ya tienen un cuerpo para habitar.?**

Respuesta 1: Pneumas oikos.___

Respuesta 2: Solo pneumas.___

Respuesta 3: No tienen ninguna identidad.___

✓ **¿Cómo se le llama en griego al grito que da una demonio o espíritu inmundo al ser confrontado en una liberación?**

Respuesta 1: No tiene termino que lo define.___

Respuesta 2: daimónion.___

Respuesta 3: Krazo.___

✓ **Hay 5 cosas que podemos hacer cuando un espíritu de tinieblas logra hacer que el alma salga del cuerpo, podría señalar una de ellas.**

Respuesta 1: El solo volverá al cuerpo.___

La Palestra (Lenguaje, manifestaciones y estructuras espirituales)

Respuesta 2: Decirle al espíritu inmundo que traiga de regreso el alma al cuerpo.___

Respuesta 3: Llamar al alma por el nombre de la persona.___

- ✓ **¿Es correcto llamar a la salida del alma durante la liberación, como un desdoblamiento astral?**

Respuesta 1: Si, es correcto llamarlo así.___

Respuesta 2: Se puede llamar como uno quiera.___

Respuesta 3: No, es correcto llamarlo así.___

- ✓ **¿Como se llama bíblicamente la parte que mantiene al cuerpo y el alma unido aunque ya este fuera del cuerpo?**

Respuesta 1: Chacras.___

Respuesta 2: Cordón de plata.___

Respuesta 3: atmósfera.___

✓ **¿En las estructuras de las tinieblas, qué entidad está a la cabeza del reino de las tinieblas?**

Respuesta 1: Leviatán.___

Respuesta 2: El príncipe de las tinieblas.___

Respuesta 3: La reina del cielo.___

✓ **¿La estructura de Lilith tiene íncubos y súcubos, cuál es el que ataca a los hombres?**

Respuesta 1: íncubos.___

Respuesta 2: súcubos.___

Respuesta 3: Ninguno.___

✓ **Lilith tiene un horario específico para sus incursiones, cuál sería ese horario?**

Respuesta 1: De las 12 Media noche a las 2:00 AM.___

Respuesta 2: De las 4:00 PM a las 7:00 PM.___

Respuesta 3: De las 3:00 AM a las 6:00 AM.___

La Palestra (Lenguaje, manifestaciones y estructuras espirituales)

✓ **¿Qué son los espíritus nahuales?**

Respuesta 1: espíritus extraterrestres.____

Respuesta 2: espíritus de animales.____

Respuesta 3: espíritus de muertos.____

Estructuras Espirituales con Nombres Genéricos

Capítulo 8

La enseñanza de este capítulo te ayudará a comprender que, cuando alguien es liberado, no se es liberado solamente de un espíritu, sino que, hay una cadena de operación de espíritus inmundos que forman parte de esa estructura, de tal manera que ningún espíritu inmundo entra a un cuerpo para estar solo, por supuesto que hay espíritus preparadores, hay espíritus considerados precursores, es decir que preparan el camino a otros; puede ser que la incursión viene primeramente sólo de un espíritu porque es el que abrirá paso, pero detrás vienen otros; de ahí viene la idea que cuando es expulsado un espíritu, hay una cadena de operación donde hay muchos espíritus inmundos; originalmente hubo uno que preparó el camino, el ambiente pero después llegaron más como lo deja ver esta cita:

Mateo 12:43-45 (LBA) Cuando el espíritu inmundo sale del hombre, pasa por lugares áridos buscando descanso y no *lo* halla. **44** Entonces dice: «Volveré a mi casa de donde salí»; y cuando llega, *la* encuentra desocupada, barrida y arreglada. **45** Va entonces, y toma consigo otros **siete espíritus más depravados** que él, y entrando, moran allí; y el estado final de aquel hombre resulta peor que el primero. Así será también con esta generación perversa.

Por supuesto que este es únicamente un escenario porque no significa que solamente entren 7 espíritus inmundos más del que llegó primero.

Marcos 5:9 (LBA) Y le preguntó: ¿Cómo te llamas? Y él le dijo: **Me llamo Legión, porque somos muchos**.

Aquí puedes ver que, aunado a la primera cita que te presenté, donde llega uno, después llegan siete más y ahora puedes notar que hay una legión la cual consta de 6826 espíritus, de donde puedes ver que tiene nombre, tiene rango y una estructura de operación, claramente puedes notar que entonces ningún espíritu de las tinieblas trabaja solo sino que, trabajan bajo una asignación específica con la cual se va creando una especie de sinergia aunque negativa, pero la idea es la misma.

En **Marcos 5:9**, en su contexto puedes ver que está hablando acerca del personaje conocido como el gadareno, tenía dentro de sí, la operación de una estructura porque cuando le responde a Jesús diciendo, somos muchos, fue porque el nombre asignado era de legión; esto obedecía al mandato del legionario romano que estaba de turno en aquel entonces porque él era quien decidía de cuántos elementos iba a constar una legión en el ejército y esa era la base de donde copiaban en las tinieblas el nombre del grupo de espíritus inmundos de forma agrupada. Por supuesto que aún los 6,826 tenían una función para dañar a la persona de determinada forma.

La Estructura Del Mundo Espiritual

Definición de una estructura espiritual

✓ Masa de seres: **TSABA H6635** o huestes.

✓ Masa de seres con capacidad militar.

✓ Masa de seres con organización estratégica.

Masa es una agrupación numerosa de seres de la misma naturaleza, muy juntas y formando un cuerpo homogéneo y definido, o sea, todos con sus diferentes especializaciones, pero conectados apropiadamente, para lograr su objetivo principal el cual es dañar a una persona.

Masa es una magnitud que expresa la cantidad de un cuerpo, medida, fuerza que actúan.

Esto lo presenté en el capítulo anterior, pero considero necesario volver a exponerlo por cuanto el punto principal de este capítulo es de estructuras, porque lo que debes saber entonces es que, cuando estás liberando a una persona que tiene un espíritu de violación, ese espíritu no está trabajando solo, sino que hay más porque son los que se encargan de crear las consecuencias de aquella violación, los efectos negativos, todo el desastre que crea una violación.

Por eso es que, la persona que atraviesa por una crisis después de haber sido violada o violado, es difícil de superarlo, podría perdonar a su agresor, pero hay consecuencias debido a los demás espíritus inmundos que entraron con el espíritu de violación, por ejemplo, un espíritu de depresión, espíritu de tormento, culpabilidad, aunque la persona afectada no fuera la culpable, siente culpabilidad y entonces entra en escena el espíritu de acusación.

Cada persona según su condición, me refiero a que sea resiliente o resistente, parecería que es lo mismo, pero no exactamente, porque una persona con la cualidad de tener resiliencia, es porque tiene la capacidad de levantarse de momentos adversos en su vida, mientras que la persona que es resistente puede aguantar las tormentas que llegan a su vida sin caer. Un resiliente crea esa cualidad en su vida, un resistente tiene que ver con los valores en los que fue criado en su casa.

Regularmente las personas que están siendo ministradas en su alma y en proceso de liberación, no tienen resiliencia, de manera que los efectos de la violación son como ya lo mencioné porque son los espíritus que llegan en apoyo, podría decir a trabajar juntamente con el espíritu de violación.

Por otro lado también existen las personas que crean un mecanismo de defensa con ofensa a quien puedan dañar, entonces aquella violación lo que creó fue una lujuria pero al mismo tiempo busca dañar a las personas del sexo contrario, o sea, si la violación la padeció una mujer, buscará dañar a cuanto hombre pueda a través de su lujuria; después de haber sido una persona moral, se convierte en una persona inmoral.

Huestes (Pneumaticos)

Son espíritus de maldad, tienen nombres genéricos, ocupan lugares celestiales, afectan a la humanidad y animales; estas son la huestes mencionadas en **Efesios 6:12**. Otro punto que debo mencionar es que mientras no bajan a la Tierra, están en el segundo cielo.

Etimología

Huestes de maldad
Número de **Strong G4151 – Hueste**
Se pronuncia Pneuma
Número de **Strong G4190 – Maldad**
Se pronuncia Poneros
Opera según el nombre genérico
Por ejemplo, espíritu de maldad, espíritu de enfermedad, espíritu de pornografía, etc.

Especialidad

- ✓ Su forma de operar es en cadena, eso los convierte en los más activos, utilizan nombres genéricos porque se basan en lo que hacen, el espíritu de enfermedad obviamente enferma, el espíritu de pornografía prostituye a través de la vista por una imagen, etc.

- ✓ No usan nombres propios, eso sólo es dado a los principados.

- ✓ Por ejemplo, espíritu de esclavitud, tiene su estructura de operación.

Debes considerar que, en el momento de una liberación, ya debes tener los datos que obtuviste mientras aquella persona era ministrada en su alma, con el propósito de no entablar un diálogo con el espíritu inmundo, a menos que seas guiado por el Espíritu Santo, entonces podrías preguntarle su nombre quizá, pero realmente lo que debes hacer es echarlo fuera de aquella vida en el nombre de Jesús y si está pretendiendo hablar, ordenarle que se calle. Insisto en darle la importancia a la ministración al alma porque en base al discernimiento de espíritu o discernimiento por conocimiento y experiencia, puedes obtener la información necesaria, contra quién vas a llevar el combate, porque recuerda que el combate es de persona a persona, la batalla es en un conglomerado después de una predicación y puedes estar ministrando la enseñanza quizá.

El Origen de Las Cadenas de Operación de Las Huestes Espirituales de Maldad

El origen de las cadenas de operación de las huestes espirituales de maldad, te permite ver lo que son las 13 estructuras más comunes que existen, las que son más evidentes y que atacan con más frecuencia:

1. **El espíritu de enfermedad**
2. **El espíritu de espíritu de temor**
3. **El espíritu de espíritu de adivinación**
4. **El espíritu de espíritu de fornicación**
5. **El espíritu de espíritu de esclavitud**
6. **El espíritu de espíritu de altivez**
7. **El espíritu de espíritu de perversión**
8. **El espíritu de espíritu de desaliento**
9. **El espíritu de espíritu de celos**
10. **El espíritu de espíritu de mentiras**
11. **El espíritu de espíritu de error**
12. **El espíritu de espíritu de estupor**
13. **El espíritu de espíritu maligno**

Lo interesante de esto es que cada uno de esos espíritus están conectado con 13 espíritus más. Ahora bien, ¿por qué 13?, para responder a esa interrogante debo presentar lo siguiente:

Numerología Bíblica

- ✓ Número 1 **significa unidad.**
- ✓ Número 2 **significa división.**
- ✓ Número 3 **triunidad.**
- ✓ Número 4 **plenitud material.**
- ✓ Número 5 **gracia.**
- ✓ Número 6 **hombre.**
- ✓ Número 7 **perfección espiritual.**
- ✓ Número 8 **sobreabundante.**
- ✓ Número 9 **juicio.**
- ✓ Número 10 **perfección del orden divino.**
- ✓ Número 11 **desorden, desorganización, imperfección y desintegración.**
- ✓ Número 12 **perfección de gobierno, perfección gubernamental.**
- ✓ Número 13 **rebelión, desobediencia, oposición, rebelde, muerte.**

En toda la Biblia cada vez que aparece el número 13, representa rebelión, por ejemplo, en **Génesis 21:9** de acuerdo con cálculos de los más estudiosos, Ismael tenía 13 años cuando Isaac fue destetado y fue objeto de burlas de escarnio por parte de Ismael quien fue echado fuera de la casa de su padre porque no iba a heredar junto con el hijo de la promesa. Esto es una figura que a los 13 años se rebeló Ismael en contra de Isaac, el hijo de la promesa, como figura de Cristo.

Entonces puedo decir que el número está asociado con todos los nombres y epítetos de Satanás y en la gematría bíblica, los nombres del adversario están revelando que es su intención atacar y afectar la vida de las personas. Otro punto que debo mencionar es que todos los nombres y epítetos de Satanás, están relacionados en múltiplos de 13. Interesantemente cuando estudias en la Biblia todos los libros que tienen capítulo número 13, están relacionados con ejemplos de rebelión. Como dato adicional y secular, la gente del mundo sin ser mística, obvian el número 13 de su uso, por ejemplo, no hay nivel 13 en los hoteles, tampoco existe la habitación número 13 en los demás niveles de un hotel, en las aerolíneas no existe la número 13 porque de alguna manera se ha hecho notar lo que representa.

La Gematría De Satanás

La ciencia antigua de gematría proporciona nuevas maneras de entender con la Biblia la gematría de Satanás.

- ✓ Satán = en hebreo su valor numero es 364.
- ✓ Su múltiplo es 13 X 28 = 364 o lo que es lo mismo sumar 28 veces el número 13.

Esto es como que Dios estuviera diciendo que Satanás ataca 364 días al año, el día que no ataca es cuando entras a la presencia de Dios, significa que si entras a la presencia de Dios 2 días, entonces se reduce el numero que podrá atacarte Satanás. Si vas a vivir una vida con temor y temblor en comunión, sirviendo a Dios con limpia consciencia, con solvencia, entonces menos posibilidades tendrá Satanás para atacarte.

También debes saber que existen 13 cosas con las cuales Satanás intenta sellar o afectar el corazón del hombre.

El sello de la imperfección

Satanás es especialista en sellar, recuerda que él era el sello de la perfección en el monte santo y sellaba todos los diseños.

Ezequiel 28:12 (LBA) Hijo de hombre, eleva una elegía sobre el rey de Tiro y dile: «Así dice el Señor DIOS: "**Tú eras el sello de la perfección**, lleno de sabiduría y perfecto en hermosura.

Es muy interesante el nivel al que pudo llegar Luzbel en aquel entonces y que se convirtió en Satanás precisamente en la sentencia que estaba recibiendo en ese versículo:

Otras versiones de la Biblia dicen lo siguiente respecto a que él era el sello de la perfección:

- ✓ Tú sellas un modelo.

- ✓ Tú eras sello de perfección (Strobinguer, Cantera/Iglesias).

- ✓ Tú eras modelo de perfección (Bover/Cantera).

- ✓ Eras cuño de perfección (Bla/El Peregrino).

- ✓ Eras el sello de una obra maestra (BLA/Jerusalén).

- ✓ Tu sello de semejanza (BLA Jerónimo) sello de suma.

- ✓ Tú echaste el sello a la proporción (BLA RV 1569). Disposición, conformidad, disposición y oportunidad para haber o lograr algo, coyuntura, conveniencia.

Con esto lo que puedes ver es que Luzbel era el modelo de una creación que vendría como él, porque era quien avalaría que fueran con él; esto me lleva a ver que existen biblias que cuando hace referencia al diablo, lo hace en plural, o sea, diablos.

Luzbel dejó de ser un sello de perfección y se convirtió en Satanás, pero ahora lo que hace es reclutar entidades para que continúen sirviendo al reino de las tinieblas y que su obra diabólica pueda expandirse precisamente por medio de delegaciones a esas entidades que están en disposición de servirle.

La Gematría De Satanás

A continuación describiré algunas palabras que están relacionadas con el número 13 partiendo de su valor numérico en gematría bíblica:

- ✓ **Valor numérico de la palabra serpiente en hebreo**: 1300 su múltiplo es 13 X 100, esa palabra viene de una raíz que significa, para ser quemado.

- ✓ **Valor numérico de la palabra serpiente en griego**: 780 su múltiplo es 13 X 60.

- ✓ **Valor numérico de la palabra tentador que aparece en Mateo 4:3** : 1053 su múltiplo es 13 X 81.

- ✓ **Valor numérico de la palabra Belial en griego**: 78 su múltiplo es 13 X 6.

✓ **Valor numérico de la palabra homicida que aparece en Juan 8:44** : 1820 su múltiplo es 13 X 140 en griego la palabra homicida usa 13 letras: ανθρωποκτονος.

✓ **Valor numérico de la palabra Baalzebub que aparece en Lucas 11:15** : 611 su múltiplo es 13 X 47.

✓ **Valor numérico de la palabra diablo en griego:** 195 su múltiplo es 13 X 15.

La ciencia antigua de gematría proporciona nuevas maneras de entender con la Biblia, la gematría de Satanás. Con esta gematría estoy mostrando que el número 13 en el corazón, son el sello o código de cualquiera de los nombres de Satanás y buscan la forma de codificar los corazones con esos males.

Marcos 7:20-23 Y decía: Lo que sale del hombre, eso es lo que contamina al hombre. [21] Porque de adentro, del corazón de los hombres, salen los malos pensamientos(**1**), fornicaciones(**2**), robos(**3**), homicidios(**4**), adulterios(**5**), [22] avaricias(**6**), maldades(**7**), engaños(**8**), sensualidad(**9**), envidia(**10**), calumnia(**11**), orgullo(**12**) e insensatez(**13**). [23] Todas estas maldades de adentro salen, y contaminan al hombre.

- ✓ Son 13 aspectos que hacen su asiento en el corazón.

- ✓ Estos 13 puntos son los códigos que Satanás pone en cualquier momento desde la niñez.

- ✓ Muchos cristianos viven con estos 13 pecados y son los que los impulsan por la influencia satánica que llevan en su raíz a pecar. Es lamentable que haya un 70% de creyentes que se sienten seducidos a pecar con los 13 puntos que describe Marcos 7:20-23 por el código satánico influenciado por el número 13 en su corazón.

El sello de la imperfección es el 13, recuerda que Satanás es especialista en sellar desde antes de llegar a ser Satanás; siendo Luzbel era el sello de la perfección en el monte santo y el sellaba todos los diseños, pero quiso ser como Dios como lo deja ver esta cita:

Isaías 14:13-17 (LBA) Pero tú dijiste en tu corazón: «Subiré al cielo, por encima de las estrellas de Dios levantaré mi trono, y me sentaré en el monte de la asamblea, en el extremo norte. **14** Subiré sobre las alturas de las nubes, **me haré semejante al Altísimo**». **15** Sin embargo, has sido derribado al Seol, a lo más remoto del abismo. **16** Los que te ven te observan, te contemplan, *y dicen:* «¿Es este aquel hombre que hacía temblar la tierra, que sacudía los reinos, [17] que puso al mundo como un desierto, que derribó sus ciudades, que a sus prisioneros no abrió la cárcel?».

Surge la interrogante, ¿cómo es que sella Satanás?, puedo decir que es una situación metafórica para que se capte la idea de lo que sucede en el ámbito espiritual, pero básicamente en términos de sanidad interior, ministración al alma y liberación, podría utilizar la idea de los receptores porque un receptor de algo negativo o diabólico, servirá precisamente para eso, para recibir lo que un espíritu inmundo o demonio vean que lo tiene aquella persona. Las entidades de las tinieblas funcionan como emisores de maldad y lo que hace Satanás es sellar con receptores de maldad en los corazones de las personas, es entonces cuando se cumple lo que dice este versículo:

Mateo 15:19 (LBA) Porque del corazón provienen malos pensamientos, homicidios, adulterios, fornicaciones, robos, falsos testimonios *y* calumnias.

Una vez que el receptor está activado en el corazón de aquella persona, se empieza a potencializar para que se vayan sumando cada vez más cosas pecaminosas hasta que se establece la estructura de maldad.

Apocalipsis 12:9 Y fue arrojado el gran **dragón**, la serpiente antigua que se llama el **diablo** y **Satanás**, el cual engaña al mundo entero; fue arrojado a la tierra y sus ángeles fueron arrojados con él.

El Apóstol Juan menciona 3 veces en triple 13's: 13 X 13 X 13 = 2197, me refiero a que describe a dragón, diablo y Satanás.

Valor numérico de la palabra dragón en griego: 975 su múltiplo es 13 X 75. La palabra dragón no es encontrada en ningún otro libro del Nuevo Testamento, solamente en Apocalipsis y es mencionada ahí 13 veces.

Todo esto es la parte espiritual, pero también la influencia del número 13 afectando la humanidad, puede reflejarse en la conducta humana, dando a entender que está implícita la influencia del número 13.

Datos Estadísticos Con Influencia Del Número 13

- ✓ Los nuevos alcohólicos en U.S.A., comienzan a beber de los 12 y 13 años de edad.

- ✓ El joven varón comienza su vida sexual a partir de los 12 y 13 años de edad.

✓ La mayoría de las jovencitas pierden su virginidad a los 13 años.

✓ A esa edad el cuerpo del joven experimenta cambios químicos.

✓ Esa edad es llamada, la edad de la pubertad.

✓ Los valores y las señoritas, dependiendo de la personalidad y los químicos del joven, comienza a ver diferente el mundo que les rodea.

Los químicos que comienzan a experimentar cambios a esa edad son los siguientes:

✓ **Progesterona**, este químico es mayor en la mujer y produce el deseo sexual.

✓ **Testosterona**, este químico es mayor en el hombre y produce el deseo sexual.

✓ **Estrógeno**, este químico es responsable en la atracción sexual.

✓ **Oxitocina**, este químico es el responsable de despertar las emociones entre 2 personas, se produce de forma natural cuando hay una conversación entre amigos o personas en general que en determinado momento hallan cierta afinidad.

De tal manera que sus cambios preparan las células y cuerpos para una nueva edad. Esa es la razón por la cual estoy compartiendo esta información, para que puedas notar cual es la influencia que puede tener Satanás en las personas de su juventud y que, cuando los padres de familia no le ponen atención, las tinieblas se aprovechan para extender entonces su operación por la falta de conocimiento, porque ante los cambios que sufre el cuerpo humano a consecuencia de los químicos que ya mencioné, el diablo hace que se desenfoquen para inclinarlos al sexo ilícito.

Cadena De Operación De Huestes De Las Tinieblas

A continuación describiré las 13 estructuras de 13 entidades cada una, cómo operan y su base bíblica, todo esto también es importante que lo conozcas porque puede servirte de guía cuando vas a atender un caso específico, poder ver la posibilidad de que hayan otros espíritus inmundos además del que estás echando fuera de una persona.

Recuerda que no debes hacer la cosas sin conocimiento porque si el espíritu inmundo o demonio logra ver en ti la falta de conocimiento, eso mismo les puede servir para burlar todo lo que hagas y ponerte en riesgo tú también; si tienes el don de discernimiento de espíritus, gracias a Dios y debe ser activado para que funcione en ese momento, si tienes el discernimiento por conocimiento y experiencia, también debes activarlo para que te sirvan oportunamente, pero si no tienes lo que es necesario, no hagas alarde de tener lo que no tienes porque puedes tener serios problemas en una liberación.

Por eso es necesario que pongas tus dones a los pies de Cristo en todo momento porque podría ser que haya alguien que esté moviéndose en el área de liberación pero quizá su familia, él o ella participaron de brujería, hechicería, ocultismo, etc., entonces sus vidas deben ser purificadas y saber que todo lo que Dios les ha entregado es para servirle a Él solamente. Si alguien que participó de las tinieblas en el pasado, hoy le está sirviendo a Dios, es necesario que le pida a sus pastores que oren para que Dios anule aquello que posiblemente se movía en ellos como un don pero lo tenían al servicio del reino de las tinieblas y hoy el adversario pretenda seguirlo usando, lo cual no debe darse.

Lamentablemente no existe un presbiterio para que juzgue cuando una situación de alguien que esté liberando no sea verdaderamente un obrero de liberación de parte de Dios, no hay un equipo de cadetes hombres y mujeres de alto rango en guerra espiritual para que puedan juzgar ese tipo de cosas que a veces surgen como parte de los engaños de las tinieblas; pero debería existir un presbiterio de gente preparada, equipada, que tienen los parámetros bíblicos, conocen los principios espirituales, que han incursionado en el campo de la guerra espiritual y no es solamente teórico, sino que han estado en el campo de la batalla y conocen de los rangos, etc., con el propósito de poder juzgar a gente que se inventa las cosas para tener protagonismo, fama, incluso lucrar con ese tipo de cosas sabiendo lo delicado que es porque es como jugar con fuego, se trata de una batalla con demonios quienes no desaprovecharan una oportunidad para dañar a quien sea.

A veces lo que sucede es que hay gente que les heredaron esos supuestos dones de parte de brujos, de santería, etc., entonces ven un mover espiritual porque se los trasladaron como herencia transgeneracional, genéticamente o como herencia tara. Por eso hay gente que no está consagrada a Dios, sin embargo, puedes ver un mover espiritual de parte de las tinieblas.

Un detalle muy importante y que puede ser parte de las credenciales de un verdadero ministro de liberación, es que no anda buscando a quién liberar, sino que, es buscado para que libere a una persona; sabiendo que dependiendo de la confrontación que tendrá, en la siguiente incursión se enfrentará a uno mayor del que ya enfrentó, por eso no se debe estar buscando a quién liberar porque lo que pretende Satanás es derrotar al que es un ministro de liberación genuino, lo quiere derrotar porque está estorbando su trabajo satánico.

Es por eso también que, en la medida que pueda ser lo más discreta una liberación, será mejor y toda la gloria será de Dios, mientras que si en el momento de una liberación llamamos cámaras de video o televisión, no solamente será muy notorio que se está buscando protagonismo, se verá que le quieres quitar la gloria a Dios y adicionalmente, el adversario verá que hay cierta debilidad en ti porque te gusta la fama y podría atacarte con algo para hacerte tropezar.

Después de todo lo que he expuesto, empezaré por describir las principales 13 estructuras:

1) La estructura del espíritu de enfermedad.
2) La estructura del espíritu de temor.
3) La estructura del espíritu de adivinación.
4) La estructura del espíritu de prostitución.
5) La estructura del espíritu de esclavitud.
6) La estructura del espíritu de altivez.
7) La estructura del espíritu de perversión.
8) La estructura del espíritu de desaliento.
9) La estructura del espíritu de celos.
10) La estructura del espíritu de mentiras.
11) La estructura del espíritu de error.

12) La estructura del espíritu de estupor.
13) La estructura del espíritu maligno.

Cada una de esas estructuras, tiene a su vez una estructura de 13 espíritus:

1.- Espíritu De Enfermedad

Lucas 13:11 (LBA) ...y había *allí* una mujer que durante dieciocho años había tenido una **enfermedad causada por un espíritu**; estaba encorvada, y de ninguna manera se podía enderezar.

1. **Debilidad o flaqueza**
2. **Cáncer**
3. **Problemas del seno**
4. **Enfermedades del corazón**
5. **Diabetes**
6. **Artritis**
7. **Tensión alta**
8. **Hemorragias o flujo**
9. **Infecciones vaginales**
10. **Derrame cerebral**
11. **Fiebres**
12. **Alergias**
13. **Depresión**

Esto tiene lugar regularmente cuando una persona está enferma, sin embargo, los profesionales de la salud han hecho toda clase de exámenes y no encuentran nada, eso es un espíritu de enfermedad el que está atacando a la persona.

2.- Espíritu De Temor

2 Timoteo 1:7 (LBA) Porque no nos ha dado Dios **espíritu de cobardía**, sino de poder, de amor y de dominio propio.

1. Miedos
2. Tormentos
3. Pesadillas
4. Temor a la muerte
5. Timidez
6. Fobias
7. Complejo
8. Ansiedad
9. Estrés
10. Esquizofrenia
11. Locura
12. Paranoía
13. Demencia

Aquí puedes ver cómo es que el espíritu de cobardía o temor, está conectado con aquello que sigue haciendo estragos por algún evento donde el temor encontró una puerta.

3.- Espíritu De Adivinación

Estructuras Espirituales con Nombres Genéricos

Hechos 16:16 Y sucedió que mientras íbamos al lugar de oración, nos salió al encuentro una muchacha esclava que tenía **espíritu de adivinación**, la cual daba grandes ganancias a sus amos, adivinando.

1. Misticismo
2. Rebelión
3. Médium
4. Astrología
5. Esoterismo
6. Brujería
7. Hechicería
8. Magia
9. Meditación trascendental
10. Dones trastocados
11. Fármacos
12. Religión
13. Telepatía

Puedes notar que el primero que conforma esta estructura es el misticismo lo cual significa que el hecho de no tener el debido equilibrio espiritual, sino que, inclinarse en todo momento al mundo espiritual puede hacer caer a la persona en estar viendo demonios donde no los hay, puede estar manipulando su imaginación.

4.- Espíritu De Prostitución

Oseas 4:12 (LBA) Mi pueblo consulta a su ídolo de madera, y su vara les informa; porque un **espíritu de prostitución** *los* ha descarriado, y se han prostituido, *apartándose* de su Dios.

1. **Incesto**
2. **Abuso sexual**
3. **Adulterio o fornicación**
4. **Bestialismo**
5. **Lujuria**
6. **Pornografía**
7. **Idolatría**
8. **Orgías**
9. **Seducción**
10. **Autosatisfacción**
11. **Prostitución**
12. **Íncubo o súcubos**
13. **Homosexualismo**

Es interesante que en pleno siglo XXI, en U.S.A. el mayor índice que lleva a la provocación de intención de suicidio es por el hecho de estar teniendo sexo con animales, están practicando bestialismo y eso los lleva a la acusación por lo que hacen y como consecuencia son empujados al suicidio. Existen organizaciones que prestan ayuda a ese tipo de personas que buscan el suicidio, pero el mayor índice que eso provoca es el bestialismo.

5.- Espíritu De Esclavitud

Romanos 8:15 (LBA) Pues no habéis recibido un **espíritu de esclavitud** para volver otra vez al temor, sino que habéis recibido un espíritu de adopción como hijos, por el cual clamamos: ¡Abba, Padre!

1. Alcoholismo
2. Drogadicción
3. Tabaquismo
4. Anorexia
5. Bulimia
6. Manipulación
7. Codependencia
8. Adicto al sexo
9. Adicto al trabajo
10. Adicto a comprar
11. Adicto a la TV
12. Adicto a fármacos
13. Adicto a la pornografía

Esto está más enfocado a afectar la vida en los hombres, no significa que las mujeres estén exentas, pero se ve más la influencia sobre los hombres.

6.- Espíritu De Altivez

Proverbios 16:18 (LBA) Delante de la destrucción *va* el orgullo, y delante de la caída, la **altivez de espíritu.**

1. Orgullo
2. Arrogante
3. Controlador
4. Dominante
5. Burlón
6. Egoísta
7. Obstinado
8. Despreciador
9. Dictador
10. Controversial
11. Criticón
12. Chismoso
13. Autoritario

7.- Espíritu De Perversidad

Proverbios 26:26 (LBA) *Aunque su* odio se cubra con engaño, su **perversidad** será descubierta en la asamblea.

1. Toda desviación sexual
2. Poligamia
3. Homosexualidad
4. Orgías sexuales
5. Sadomasoquismo
6. Narcisismo

7. **Malhumorado**
8. **Obstinado**
9. **Maldades**
10. **Maldiciente**
11. **Acusador**
12. **Mentiroso**
13. **Infiel**

Estos espíritus están más enfocados a afectar la vida en los hombres, no significa que las mujeres estén exentas, pero se ve más la influencia sobre los hombres.

Debes notar que algunos de los espíritus que están en una estructura, también están en otra estructura porque son espíritus con determinada especialidad.

8.- Espíritu De Abatimiento

Isaías 61:3 (LBA) para conceder que a los que lloran *en* Sion se les dé diadema en vez de ceniza, aceite de alegría en vez de luto, manto de alabanza en vez de **espíritu abatido**; para que sean llamados robles de justicia, plantío del SEÑOR, para que Él sea glorificado.

1. **Depresión**
2. **Tristeza**
3. **Desaliento**
4. **Desesperación**

5. Desesperanza
6. Soledad
7. Vergüenza
8. Culpabilidad
9. Pena constante
10. Rechazo
11. Victimización
12. Quejoso
13. Doliente

9.- Espíritu De Celo

Números 5:14 (LBA) ...y un **espíritu de celo** viene sobre él y tiene celos de su mujer, habiéndose ella contaminado, o si viene un espíritu de celos sobre él y tiene celos de su mujer, no habiéndose ella contaminado...

1. Sospecha
2. Inseguridad
3. Codicia
4. Egocentrismo
5. Desconfiado
6. División
7. Venganza
8. Odio
9. Crueldad
10. Furia
11. Muerte
12. Contienda

13. Competencia

10.- Espíritu De Mentira

Juan 8:44 (LBA) Sois de *vuestro* padre el diablo y queréis hacer los deseos de vuestro padre. Él fue un homicida desde el principio, y no se ha mantenido en la verdad porque no hay verdad en él. Cuando habla mentira, habla de su propia naturaleza, porque es mentiroso y **el padre de la mentira**.

1. Engaño
2. Exageración
3. Blasfemias
4. Hipocresía
5. Falsas ilusiones
6. Adulación
7. Sentimentalismo
8. Legalismo
9. Falsedad
10. Infiel
11. Criticón
12. Calumniador
13. Divisionista

11.- Espíritu De Error

1 Juan 4:6 (LBA) Nosotros somos de Dios; el que conoce a Dios, nos oye; el que no es de Dios, no nos oye. En esto conocemos el espíritu de la verdad y el **espíritu del error**.

1. Confusión
2. Racismo
3. Duda
4. Incredulidad
5. Decepción
6. Irresponsabilidad
7. Inmadurez
8. Malas decisiones
9. Conflictivo
10. Sectarismo
11. Lenguas falsas
12. Profecías falsas
13. Falsas visiones

12.- Espíritu De Estupor

Romanos 11:8 (LBA) ...tal como está escrito: DIOS LES DIO UN **ESPÍRITU DE ESTUPOR**, OJOS CON QUE NO VEN Y OÍDOS CON QUE NO OYEN, HASTA EL DÍA DE HOY.

1. Fatiga constante
2. Pasividad
3. Adormecimiento
4. Autocompasión
5. Victimización
6. Dilatado

7. Sin motivación
8. Sin anhelos
9. Sin futuro
10. Sin visión
11. Sin metas
12. Cansancio
13. Deprimido

13.- Espíritu De Maligno

Marcos 9:25 (LBA) Cuando Jesús vio que se agolpaba una multitud, reprendió al **espíritu inmundo**, diciéndole: Espíritu mudo y sordo, yo te ordeno: Sal de él y no vuelvas a entrar en él.

1. Locura
2. Demencia
3. Esquizofrenia
4. Epilepsia
5. Tendencias suicidas
6. Sordera
7. Violencia
8. Oye voces
9. Mira demonios
10. Sonambulismo
11. Amanece con golpes
12. Dolores anormales
13. Dureza de corazón

Conclusiones

Hasta aquí entonces culmina lo que puede ser un equipamiento base para que, al estudiarlo, no solamente leerlo, tengas la oportunidad de investigar; pueda servirte para tener mayor conocimiento respecto a lo que es guerra espiritual, que seas un obrero de liberación de parte de Dios en Sus manos y que puedas ser verdaderamente efectivo cada vez que Él te llama a la batalla y regreses victorioso en el nombre de Jesús.

Recordando que debes conocer la cosmovisión para alcanzar el entendimiento completo de cómo evoluciona la guerra espiritual, es decir las sinergias de la liberación y recuerda, esto no es por el nivel de grito sino por el conocimiento que vas obteniendo cada vez que aprendes sobre guerra espiritual con base en las escrituras y la cercanía que vas desarrollando en los caminos de Dios diariamente en tu vida, así los espíritus de las tinieblas puedan discernir de tu capacidad, pero repito, debes tener el conocimiento base para ser diestro en las armas de luz que Dios te ha entregado y saber cómo desarrollarlas oportunamente.

Conociendo la anatomía de la liberación, los lugares ocupados por los espíritus, entiendes y diferencias entre los lugares ocupados en un creyente y un inconverso, bíblicamente puedes ver las habitaciones comparadas con las partes del cuerpo, es decir los lugares en nuestro cuerpo y cómo el enemigo busca tomar estas partes en el cuerpo y en el alma.

En toda guerra sea natural o espiritual, es importante conocer, estudiar al enemigo, sus técnicas, sus estrategias; para ello debes adquirir el conocimiento de los conceptos de liberación y los distintos nombres, en general aprender sobre los diferentes nombres de los niveles de la guerra, para ir conociendo con quién vas a batallar, a quién te encontrarás en el campo de la batalla de liberación, de tal manera que podrás discernir el estado en el que quedará esa persona, según el concepto que puedas discernir por el nombre de la potestad contra quien librarás la batalla. Recuerda que existen tres dones de discernimiento, el principal es el don de discernimiento de espíritus, pero también debes discernir por conocimiento o por sabiduría.

En este libro también enseñé que, además de conocer al enemigo y sus estrategias, es necesario conocer el lugar de la batalla, la palestra y los distintos niveles jerárquicos de las potestades, así cómo sus nombres genéricos, todo esto te permite un mejor equipamiento para enfrentarte en guerra espiritual y no sólo por haber recibido impartición.

En una guerra natural no peleas solo, vas con un equipo y deben cuidarse unos a otros, estar atentos en todo momento para no causar lo que se llama, fuego amigo, aplicado a guerra espiritual funciona igual, debes llevar un equipo contigo, todos en el mismo nivel de preparación, para que el enemigo no discierna que alguno no va limpio en su equipamiento. También describí las distintas manifestaciones en el momento de la liberación, manifestaciones del lenguaje de señas y su significado, manifestaciones corpóreas y las acciones que se toman en caso el enemigo quiera sacar el alma del cuerpo de la persona que se esté liberando.

Y por último expliqué que cuando se hace una liberación no se está haciendo de un solo espíritu porque puede haber cadenas de operación de espíritus inmundos que forman una estructura y que entre ellos hay espíritus precursores que sólo vienen a preparar el camino a otros.

Es mi deseo que cuando estés leyendo estas líneas, hayas asimilado el entrenamiento en lo que podría decir, es una palestra espiritual; que sea el equipamiento que te ha adherido al ejército de combatientes de guerra espiritual, por cuanto ha sido un libro de curso intensivo; recuerda que no puedes quedarte estancado, no puedes usar un estándar de guerra, porque eso sería como usar un método lo cual no es de Dios. Espero continúes en la **Escuela de Guerra Espiritual – Equipamiento Íntegritas** para que siga creciendo ese anhelo de seguirte preparando, aprendiendo de la Biblia, leyéndola, estudiándola, orando en todo momento para que al salir a la batalla espiritual, vayas con la convicción que el Espíritu Santo está contigo y que será solamente de esa forma como podrás volver más que vencedor. Equípate para que cada victoria en el nombre de Jesús, sea como una insignia en la que Dios te promoverá para subir escalones, subir de jerarquía en tu carrera militar espiritual para la gloria de Dios.

Apóstol Mario Rivera

AUTOEVALUACIÓN:
Tema #8: Primer nivel básico.
Tema: Estructuras espirituales con nombres genéricos. Parte #4

Introducción:
Está 8va. clase es importante para poder comprender, que cuando se libera a alguien, no se es un solo espíritu al que se expulsa.

- ✓ Si no que hay una cadena de operación de espíritus inmundos que forman parte de una estructura.
- ✓ Ningún espíritu inmundo entra para ser solo el quien habitará el cuerpo, obviamente, hay espíritus preparadores, precursores que preparan el camino a otros.

- ✓ Existe una diferencia de la identidad entre los espíritus inmundos y los demonios, es decir, ¿cuál de ellos su nombre es genérico?

Respuesta 1: Los demonios___

Respuesta 2: Los espíritus inmundos___

Respuesta 3: Los ángeles caídos___

- ✓ **¿Cuál es la razón de que sus nombres sean genérico?**

Respuesta 1: Porque son muchos___

Respuesta 2: No hay razón___

Respuesta 3: Revelan su operación y especialidad___

- ✓ **¿Dónde habitan los espíritus inmundos antes de habitar un cuerpo?**

Respuesta 1: En el cementerio___

Respuesta 2: En el infierno___

Respuesta 3: Los lugares celestiales___

- ✓ **¿Existe un número de estructuras en el reino de las tinieblas, las cuales son las más comunes que atacan al ser humano, cuantas son?**

Respuesta 1: 6 estructuras___

Respuesta 2: 13 estructuras___

Respuesta 3: 666 estructuras___

> ✓ **¿Qué significa cadena de operación?**

Respuesta 1: Que son varios los que atacan___

Respuesta 2: Que hay una cadena que se debe de romper___

Respuesta 3: Así se llama el demonio___

> ✓ **¿Cuándo se expulsa a un espíritu inmundo a dónde se debe de enviar?**

Respuesta 1: al abismo___

Respuesta 2: al segundo cielo___

Respuesta 3: a ningún lugar___

> ✓ **¿Entre espíritu inmundo, demonio, y principado, cuál va a**

los pies de Cristo cuando se expulsa del cuerpo?

Respuesta 1: El principado___

Respuesta 2: El demonio___

Respuesta 3: El espíritu inmundo___

✓ **¿Quién de las entidades espirituales tienen nombre propio?**

Respuesta 1: Los espíritus inmundos___

Respuesta 2: Los principados___

Respuesta 3: Ninguno___

✓ **De los siguientes ejemplos, ¿cuál de ellos es un nombre genérico?**

Respuesta 1: Leviatán___

Respuesta 2: Jezabel___

Respuesta 3: Enfermedad___

✓ **En la jerarquía militar de las tinieblas, ¿cuál es el de menor rango?**

Respuesta 1: Autoridades____

Respuesta 2: Huestes____

Respuesta 3: Gobernadores____

Biblioteca De Guerra Espiritual Para Combatientes De Liberación

SERIE: EQUIPAMIENTO INTEGRAL PARA COMBATIENTES DE LIBERACION #16

LA GUERRA ESPIRITUAL DEL SEGUNDO CIELO

EL PROTOCOLO DEL TRIBUNAL PARA LA LIBERACION

DR. MARIO H. RIVERA / PASTORA LUZ RIVERA

Las Batallas Del Alma Adicta

LAS ADICCIONES QUE NO SON RECONOCIDAS COMO ADICCIÓN

DR. MARIO H. RIVERA
PASTORA LUZ RIVERA

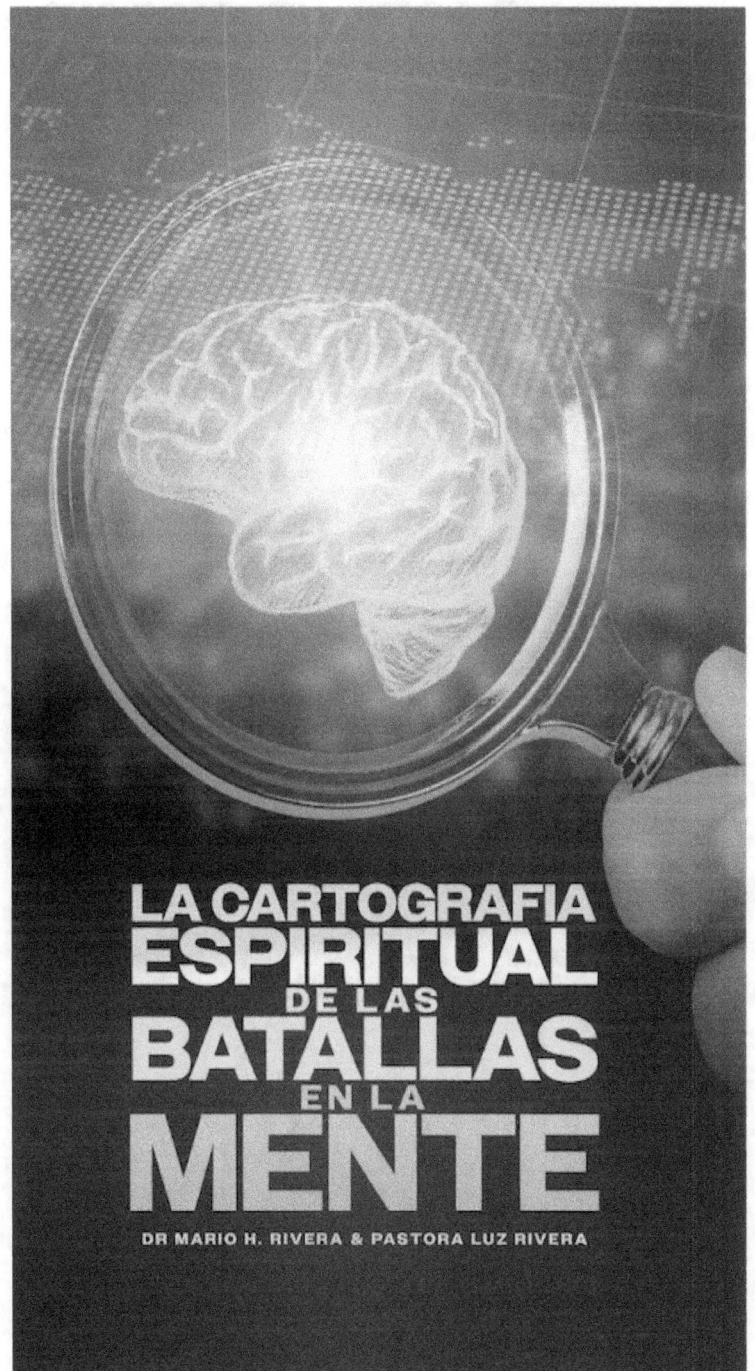

Biblioteca de Guerra Espiritual

TRANSFERENCIAS ESPIRITUALES

EQUIPAMIENTO INTEGRAL PARA COMBATIENTES DE LIBERACION #14

DR. MARIO H. RIVERA & PASTORA LUZ RIVERA

ESCUELA DE INTERCESORES
SEGUNDO NIVEL

DR MARIO H. RIVERA

ESCUELA DE INTERCESORES
PRIMER NIVEL

APÓSTOL MARIO H. RIVERA

Serie: Equipamiento Integral
Para Combatientes De Liberación #9

LA PALESTRA DEL
GUERRERO
ESPIRITUAL

Dr. Mario H. Rivera
Pastora Luz Rivera

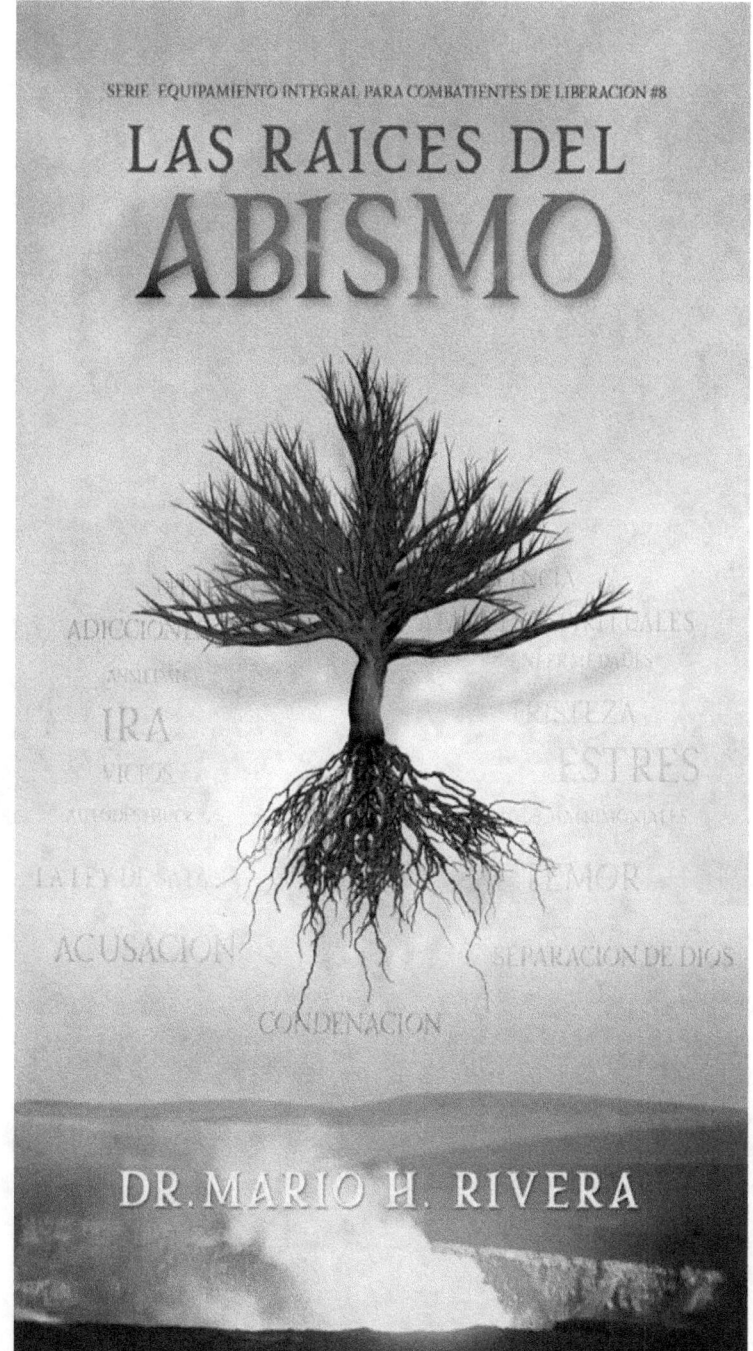

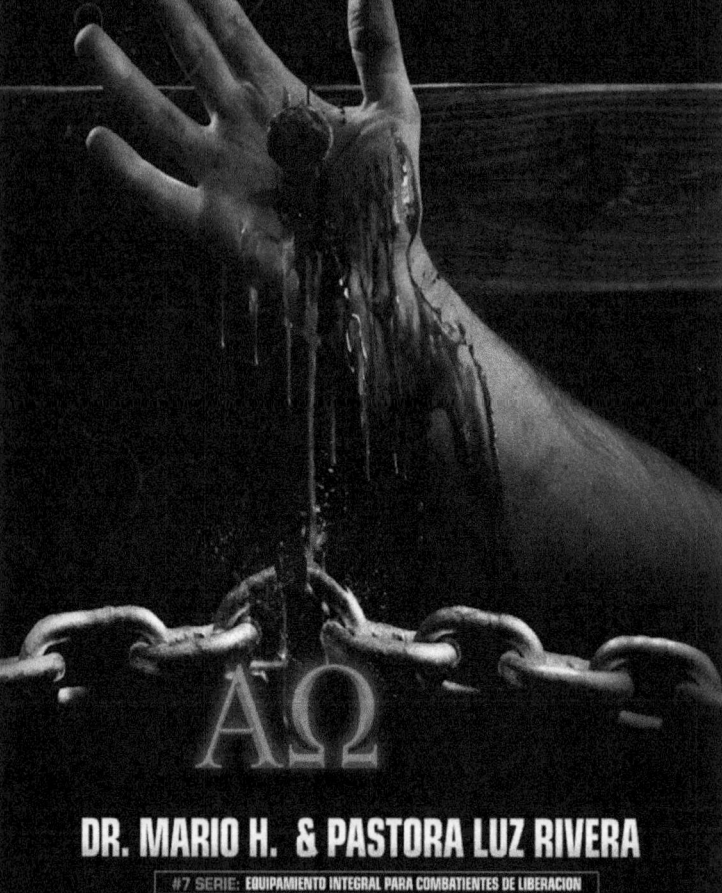

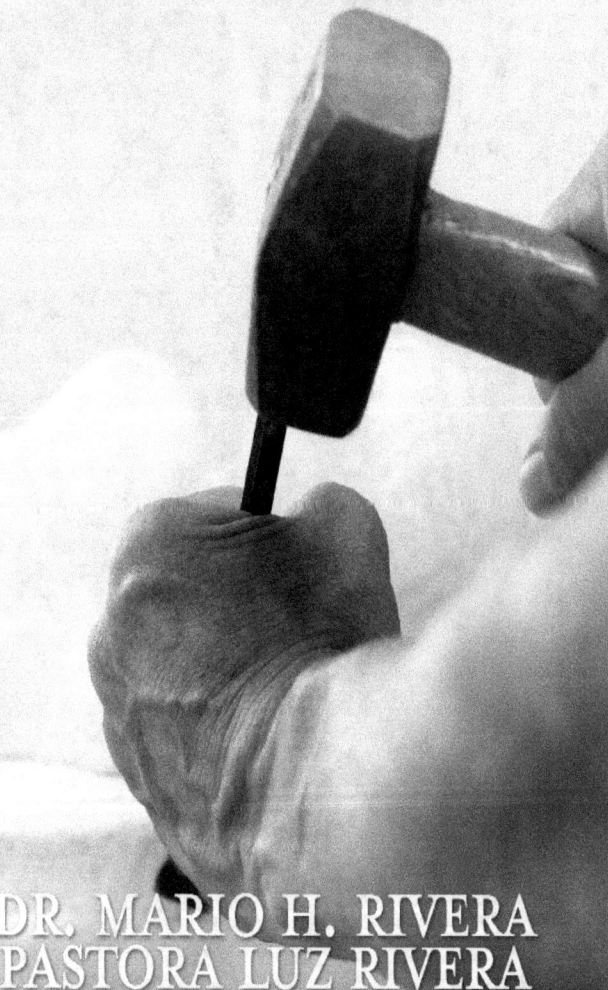

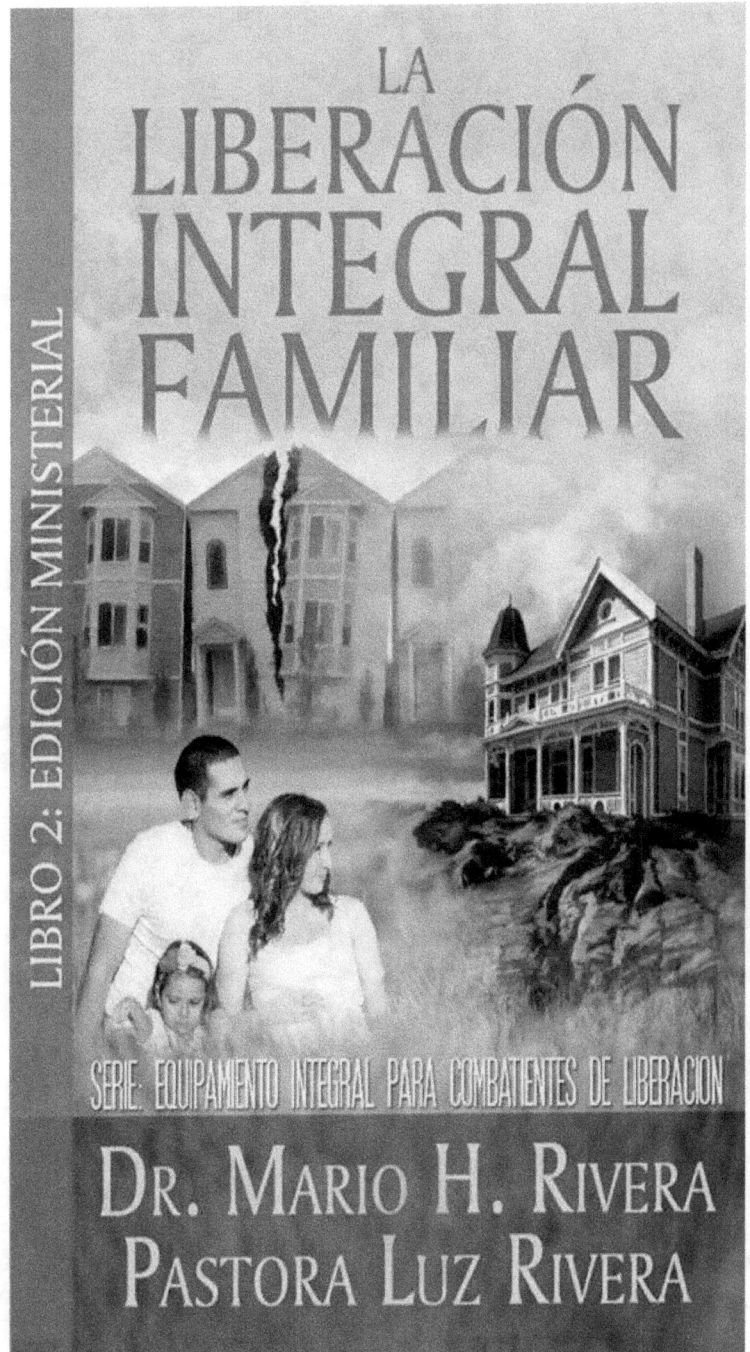

LAS HERRAMIENTAS DEL LIBERTADOR

EQUIPAMIENTO INTEGRAL PARA COMBATIENTES DE LIBERACIÓN

LIBRO 1
EDICION MINISTERIAL

DR. MARIO H. RIVERA
PASTORA LUZ RIVERA